高等职业教育电子商务类专业

U0553005

跨境电子商务

主　编　李　敏　丁明华

副主编　邢玉光　谭　林　孙　伟

参　编　毕雅婷　秦笑梅　李素玉　于　玲

机械工业出版社

CHINA MACHINE PRESS

本教材共九个模块，分别是跨境电商概述、跨境电商平台规则、跨境电商选品、跨境电商视觉营销、跨境电商平台运营与推广、跨境电商支付与结算、跨境电商物流与通关、跨境电商客户服务、跨境电商数据分析。

　　本教材的编写以跨境电商工作岗位为主线，并将商务数据分析融入教材中，符合当前大数据发展需求。将跨境电子商务理论及实践操作纳入一个系统性框架之内，融入了跨境电子商务发展新的理论与实践，适用跨境电商专员、网络推广、网络编辑、国际营销、网络客服、数据分析等工作岗位。

　　本教材可以作为高等职业院校电子商务、跨境电子商务、现代物流管理、国际经济与贸易、应用英语（商务方向）类本专科专业的教学用书，也可作为经济和电子商务行业人士的参考读物。

图书在版编目（CIP）数据

跨境电子商务/李敏，丁明华主编. —北京：机械工业出版社，2022.8（2025.7重印）
高等职业教育电子商务类专业系列教材
ISBN 978-7-111-71351-7

Ⅰ．①跨…　Ⅱ．①李…②丁…　Ⅲ．①电子商务-高等职业教育-教材
Ⅳ．①F713.36

中国版本图书馆CIP数据核字（2022）第138765号

机械工业出版社（北京市百万庄大街22号　邮政编码100037）
策划编辑：乔　晨　　　　　责任编辑：乔　晨　张美杰
责任校对：张亚楠　王　延　封面设计：鞠　杨
责任印制：单爱军
中煤（北京）印务有限公司印刷
2025年7月第1版第4次印刷
184mm×260mm·13.25印张·318千字
标准书号：ISBN 978-7-111-71351-7
定价：54.00元

电话服务　　　　　　　　　　网络服务
客服电话：010-88361066　　机　工　官　网：www.cmpbook.com
　　　　　010-88379833　　机　工　官　博：weibo.com/cmp1952
　　　　　010-68326294　　金　书　网：www.golden-book.com
封底无防伪标均为盗版　　机工教育服务网：www.cmpedu.com

　　跨境电子商务成为我国外贸的新增长点，正日益成为我国经济社会发展不可或缺的重要力量。据数据统计，我国已有跨境电商相关企业超60万家，且注册量仍在逐年增长，跨境电商综合试验区已实现由点到面、由沿海到内陆渐次展开。为适应跨境电商发展对人才的新需求，编写团队经过多维度调研，以培养具有外贸业务运作技能、电子商务运营技能、跨境通关物流技能、国际营销推广技能的复合型、应用型人才为目标，以跨境电商工作岗位为主线，编写了本教材。

　　本教材共九个模块，由山东外国语职业技术大学教师编写，李敏、丁明华主编，具体分工如下：模块一为跨境电商概述，介绍跨境电商的内涵、生态系统及发展历程等，由丁明华编写；模块二为跨境电商平台规则，介绍商品发布、交易、知识产权、评价等规则，由李素玉编写；模块三为跨境电商选品，介绍商品质量、跨境电商平台商品规则和选品策略，由邢玉光编写；模块四为跨境电商视觉营销，介绍视觉营销三大要素、视觉营销成败的三大数据指标、店铺的装修设计等，由于玲编写；模块五为跨境电商平台运营与推广，介绍平台运营模式及推广工具，由毕雅婷编写；模块六为跨境电商支付与结算，介绍不同支付结算方式与监管，由谭林编写；模块七为跨境电商物流与通关，介绍跨境电商物流模式、流程及通关方式等，由李敏编写；模块八为跨境电商客户服务，介绍客户沟通服务体系及工作模板，由孙伟编写；模块九为跨境电商数据分析，介绍市场调研、市场分析与用户画像，由秦笑梅编写。中盛幸福集团股份有限公司、日照格朗电子商务有限公司的业务经理参与了教材的论证，并为实际案例的编写提供了帮助。

　　本教材具有以下几个特点：

　　（1）校企合作开发，适用跨境电商专员、网络推广、网络编辑、国际营销、网络客服、数据分析等工作岗位。

　　（2）以跨境电商工作岗位为主线，将商务数据分析融入教材中。理论与实训相融合，每个模块都有配套的模块实训，强化学生的实操能力。

（3）在教材中应用信息技术。本教材分为纸质版和立体化配套两部分，其中立体化配套主要有PPT、理论知识的微课、实训（验）操作微视频、试题库、案例库、国家跨境电商政策等教学资源。

本教材编写内容经过与电商企业的反复研讨论证，融入跨境电子商务发展新的理论与实践，将跨境电子商务理论及实践操作纳入一个系统性框架之内。每个模块通过知识目标、技能目标、素养目标，使学生掌握基础知识、基础技能，形成核心专业能力，秉持立德树人、德育为先的原则，并且将商务数据分析内容融入教材中，符合当前大数据发展需求。

本教材可以作为高等职业院校电子商务、跨境电子商务、现代物流管理、国际经济与贸易、应用英语（商务方向）类本专科专业的教学用书，也可作为经济和电子商务行业人士的参考读物。

本教材在编写过程中参考了一些相关的教材、论文以及网站的文章，在此向相关作者表示衷心的感谢。由于跨境电子商务发展迅速，加之编者水平有限，纰漏之处请读者多加批评指正。

本教材配有电子课件等教师用配套教学资源，凡使用本书的教师均可登录机械工业出版社教育服务网www.cmpedu.com下载。咨询可致电：010-88379375，服务QQ：945379158。

编　者

（续）

序号	名称	二维码	页码	序号	名称	二维码	页码
19	微信支付		131	23	售前客服		169
20	跨境电商B2C模式下的物流		149	24	售中客服		169
21	海外仓的类型		154	25	售后客服		169
22	跨境电商通关流程及监管模式		160	26	跨境电商数据分析		178

Contents

目录

Moudle 1

模块一

跨境电商概述

学习目标

↘ 知识目标：

◎ 明确跨境电子商务的基本概念，掌握跨境电子商务的基本特征。

◎ 了解跨境电子商务的发展历程。

◎ 了解我国跨境电子商务的发展及前景。

↘ 技能目标：

◎ 能够对跨境电子商务有一个初步的了解和认识。

↘ 素养目标：

◎ 跨境电商发展与"一带一路"倡议结合，培养学生民族自豪感，树立民族自信心。

模块导入

"网上丝绸之路"释放市场红利 跨境电商发展迎重大机遇

2019 年 4 月 22 日，京东大数据研究院发布《2019"一带一路"跨境电商消费报告》。通过京东平台进出口消费数据分析，描绘由跨境电商连接起来的"网上丝绸之路"。

从旧时的"驼队时代"到现在只需一根网线的"互联网时代"，随着"一带一路"建设加快，跨境电商成为拉动外贸的新增长点。业内认为，"一带一路"倡议的实施为我国跨境电商的发展提供了得天独厚的契机。跨境电商逐渐成为影响全球经济的新的"网上丝绸之路"，未来将进一步带动我国对外贸易的发展。

京东进出口数据显示，在国家"一带一路"倡议大背景支持下，中国与世界各国的线上商贸发展迅速。通过跨境电商，中国商品销往俄罗斯、以色列、韩国、越南等 100 多个签署了共建"一带一路"合作文件的国家和地区，线上商贸范围从欧亚拓展到欧洲、亚洲、非洲多国。同时，开放、崛起的中国市场为"一带一路"合作国家提供了新的经济增长点。2018 年，韩国、意大利、新加坡、奥地利等国，成为线上销售额最高的"一带一路"进口国。利用电商运营的成熟经验和信息消费优势，跨境电商在实现"买全球""卖全球"的愿景上走得更远。

【思考题】

什么是跨境电子商务？它与国内电子商务有何区别与联系？

单元一 跨境电商的内涵

一、跨境电商的定义

跨境电子商务（Cross-border Electronic Commerce）简称跨境电商，是电子商务应用过程中一种较为高级的形式，是指不同国家或地区间的交易双方通过互联网及其相关信息平台实现交易。实际上就是把传统国际贸易加以网络化、电子化的新型贸易方式。跨境电商以电子技术和物流为手段，以商务为核心，把原来传统的销售、购物渠道移到互联网上，打破国家与地区有形无形的壁垒。厂家实现全球化、网络化、无形化、个性化、一体化服务。

在我国，跨境电子商务零售出口是指我国境内出口企业通过互联网向境外零售商品，主要以邮寄、快递等形式送达的经营行为，即跨境电子商务的企业对消费者出口。而跨境电子商务零售进口是指我国境内消费者通过跨境电商第三方平台经营者自境外购买商品，并通过"网购保税进口"（海关监管方式代码 1210）或"直购进口"（海关监管方式代码 9610）运递进境的消费行为。在国家政策的扶持下，跨境电子商务的模式不断进化，近些年增加的保税跨境电商模式（海关监管方式代码 1239）也使得进口跨境流程更为顺畅。这些境外商品通过海关特殊监管区域或保税监管场所进入境内，再由负责销售的个人或企业通过快递等方式邮寄到消费者手中。

（1）"9610"的含义。海关总署公告 2014 年第 12 号（关于增列海关监管方式代码的公告）：增列海关监管方式代码"9610"，全称"跨境贸易电子商务"，简称"电子商务"，适用于境内个人或电子商务企业通过电子商务交易平台实现交易，并采用"清单核放、汇总申报"模式办理通关手续的电子商务零售进出口商品（通过海关特殊监管区域或保税监管场所一线的电子商务零售进出口商品除外）。

（2）"1210"的含义。海关总署公告 2014 年第 57 号（关于增列海关监管方式代码的公告）：增列海关监管方式代码"1210"，全称"保税跨境贸易电子商务"，简称"保税电商"，适用于境内个人或电子商务企业在经海关认可的电子商务平台实现跨境交易，并通过海关特殊监管区域或保税监管场所进出的电子商务零售进出境商品 [海关特殊监管区域、保税监管场所与境内区外（场所外）之间通过电子商务平台交易的零售进出口商品不适用该监管方式]。

（3）"1239"的含义。海关总署公告 2016 年第 75 号（关于增列海关监管方式代码的公告）：增列海关监管方式代码"1239"，全称"保税跨境贸易电子商务 A"，简称"保税电商 A"，适用于境内电子商务企业通过海关特殊监管区域或保税物流中心（B 型）一线进境的跨境电子商务零售进口商品。同时，天津、上海、杭州、宁波、福州、平潭、郑州、广州、深圳、重庆等 10 个城市开展跨境电子商务零售进口业务暂不适用"1239"监管方式。

二、跨境电商的特征

1. 全球性和非中心化

网络是一个没有边界的媒介体，具有全球性和非中心化的特征。依附于网络发生的跨境电子商务也因此具有了全球性和非中心化的特性。

2. 无形性

网络的发展使数字化产品和服务的传输盛行。而数字化传输是通过不同类型的媒介，如数据、声音和图像在全球化网络环境中集中进行的，这些媒介在网络中是以计算机数据代码的形式出现的，因而是无形的。

3. 匿名性

由于跨境电子商务的全球性和非中心化的特性，因此很难识别电子商务用户的身份和其所处的地理位置。在线交易的消费者往往不显示自己的真实身份和自己的地理位置，重要的是这丝毫不影响交易的进行，网络的匿名性也允许消费者这样做。

4. 即时性

对于网络而言，传输的速度与地理距离无关。在传统的交易模式下，各种信息交流方式，如信函、电报、传真等在信息的发送与接收之间存在着长短不同的时间差。而电子商务中的信息交流，无论实际距离远近，一方发送信息与另一方接收信息几乎是同时的。

5. 无纸化

电子商务主要采取无纸化操作的方式，这是以电子商务形式进行交易的主要特征。在电子交易过程中，计算机会记录一系列的纸面交易数据，因为电子信息以比特的形式存在和发送，所以整个信息的发送和接收过程可实现无纸化操作。

6. 快速演进

基于互联网的跨境电子商务活动处在瞬息万变的过程中，短短几十年中，电子交易经历了从 EDI 到电子商务零售业兴起的过程，而数字化产品和服务更是花样出新，不断改变着人们的生活。但在快速演进过程中也存在诸多问题，比如税法制定者必须考虑跨境电子商务税收的问题。

三、跨境电商的类型

跨境电商的类型

1. 按照商业模式分类

跨境电商按照商业模式可分为 B2B 跨境电商、B2C 跨境电商、C2C 跨境电商三类。其中，B2B 跨境电商中具有代表性的是阿里巴巴国际站，B2C 跨境电商中具有代表性的有天猫国际、京东全球购、网易考拉、洋码头等，C2C 跨境电商中具有代表性的有全球速卖通（成立之初为 C2C 模式，后于 2016 年向 B2C 主营方向转型）、美丽说、eBay 等。

2. 按照平台经营商品品类分类

跨境电商按照平台经营商品品类可分为垂直型和综合型两种类型。垂直型跨境电商主要是给特定需求者或者特定的领域提供电商信息服务。例如：贝贝网主要提供母婴商品，为平时网上购物时间比较少的宝妈提供具有针对性的购物信息服务；蘑菇街主要提供女性商品，是为女性提供集中选择商品的平台，并使特定领域的商品更好地集中展示出来，方便需求者进行选购。垂直型跨境电商可以使需求者在最短的时间内选购所需要的商品。综合型跨境电商不像垂直型跨境电商那样具有特定需要或特定领域，它不具有专业性与针对性，展示出的商品种类繁多。常见的综合型跨境电商服务平台有全球速卖通、天猫国际以及京东全球购等。

3. 按照商品的流动性分类

跨境电商按照商品的流动性可以分为进口跨境电商和出口跨境电商两个类型。进口跨境电商服务是通过跨境进口业务将境外的一些物品通过各种电子商务渠道在我国境内的电子商务市场进行销售，其代表性企业有天猫国际、京东全球购、洋码头、小红书等。出口跨境电商服务是将我国境内各种各样的物品通过各类跨境电商服务平台销售到境外市场，其代表性企业有亚马逊、eBay、全球速卖通、环球资源、大龙网、兰亭集势、敦煌网等。

四、跨境电商的运作模式

1. 跨境电商的平台运作模式

跨境电商的平台运作模式主要是对电子商务平台进行开发和运营，并没有参与平台上商品的采购与销售工作，所以，跨境电商平台运作模式主要是对网络平台的运营。跨境电商平台运作的基本业务流程是：构建网站、引入浏览量、进行招商加盟、进行平台管理、构建物流体系和售后服务体系。

2. 跨境电商的自营运作模式

跨境电商的自营运作模式主要以商品为主，对商品的种类划分比较详细，同时对商品的加工能力比较强，减少了中间环节造成的成本，这样一来，其商品在价格方面就具有一定的优势，但是平台上的商品数量和平台的运作模式较为单一。

单元二 跨境电商生态系统

跨境电商并不是仅包含电子商务平台企业，实际上，它涵盖了参与到跨境电商链条各个环节的所有企业，这些企业构成了一个庞大的跨境电商生态系统，如图 1-1 所示。四方网络跨境电商出口业务流程如图 1-2 所示。

跨境支付服务商
跨境物流服务商
安全认证服务商
网络信用服务商
客服呼叫中心
网络基础运营商

跨境电商代运营服务商
跨境电商人才培养服务商
跨境电商咨询研究服务商
跨境电商广告流量服务商

B2B：大宗商品电子交易平台
　　　B2B 技术服务商平台
B2C：跨境第三方平台
　　　垂直平台
C2C：跨境第三方平台

图 1-1　跨境电商生态系统

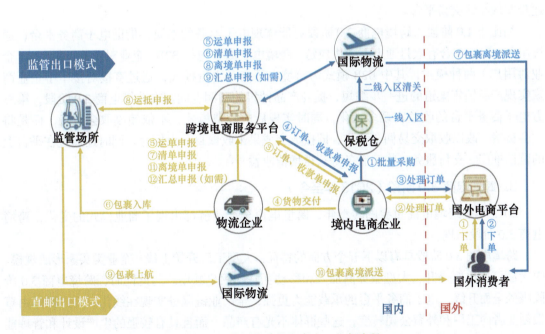

图 1-2　四方网络跨境电商出口业务流程

跨境电商发展阶段

单元三　跨境电商发展历程

一、跨境电商发展阶段

自从阿里巴巴在 1999 年使用互联网连接中国供应商与海外买家后，互联网第一次进入了中国对外出口领域，跨境电商的雏形开始形成。到目前为止，我国跨境电商经历了如下三个不同的阶段，实现了从最初的信息服务到如今全产业链服务这一重大转型。

1. 跨境电商 1.0 阶段（1999–2003 年）

跨境电商 1.0 阶段的主要商业模式是网上展示、线下交易的外贸信息服务模式。在这一阶段，阿里巴巴等第三方电子商务平台的主要作用是为企业产品和信息提供网络展示平台，网络平台不涉及任何交易环节。此时电子商务企业的盈利模式主要是向平台注册企业收取会员费。

在这一阶段，代表性平台为阿里巴巴国际站和环球资源网。随后又出现了中国制造网、EC21、KellySearch 等大量以提供供需信息为主的跨境电商平台。虽然互联网解决了中国外贸企业信息面向全球买家的难题，但是依然无法完成在线交易，仅仅完成了外贸电商产业链的信息流整合环节。

2. 跨境电商 2.0 阶段（2004–2012 年）

2004 年，随着敦煌网的上线，跨境电子商务 2.0 阶段来临。在这个阶段，跨境电子商务平台开始改变单纯的信息黄页的展示行为，将线下交易、支付、物流等流程实现电子化，逐步实现在线交易平台。

相比于 1.0 阶段，跨境电商 2.0 阶段更能体现电子商务的本质，借助电子商务平台，通过服务、资源整合有效打通上下游供应链。跨境电子商务包括 B2B（企业对企业）和 B2C（企业对用户）两种模式，其中 B2B 模式为跨境电子商务主流模式，通过直接对接中小企业商家实现产品销售渠道的进一步缩短，提升产品销售的利润空间。在跨境电商 2.0 阶段，第三方电子商务平台的收益实现多元化，同时实现后向收费模式，不依赖收取会员费，而是将"会员费"改以收取交易佣金为主，即按成交成果来收取百分点佣金。同时还通过在平台上的营销推广、支付服务、物流服务等获得增值收益。

3. 跨境电商 3.0 阶段（2013 年至今）

2013 年是跨境电商重要的转型年，跨境电商全产业链都出现了商业模式的变化，跨境电商 3.0 阶段出现。

跨境电商 3.0 阶段具有以下五个方面的特征：大型工厂开始上线、企业类买家形成规模、中大额订单比例提升、大型服务商加入和移动互联网用户暴增。与此同时，跨境电商 3.0 阶段服务全面升级，电子商务平台的承载能力更强，全产业链服务实现在线化。用户群体由草根创业者向工厂和外贸公司转变，这些群体不光有产品，而且具有较强的生产设计和管理能力。这一阶段销售的产品也由网商、二手货源开始向一手货源和质量高的产品转变。一方面，跨境电商 3.0 阶段的主要平台卖家群体正处于从传统外贸业务向跨境电商业务转型的艰难时期，生产模式开始由大生产线向柔性制造转变，对代运营和产业链配套服务需求较大。另一方面，跨境电商 3.0 阶段的主要平台模式也由 C2C、B2C 向 B2B、M2B 转变，批发商买家的中大额交易成为平台主要订单。

二、我国跨境电商形态发展阶段

跨境电商的雏形源于海淘、个人代购等模式，在多种因素刺激下，我国跨境电子商务市场逐渐发展起来，跨境电商的形式也不再拘泥于海淘与个人代购，逐渐实现了规模化、企业化发展，越来越多的企业相继涌入跨境电子商务市场，由于海淘与个人代购存在诸多突出问题，跨境电商逐渐取代了海淘与个人代购，成为跨境电商市场的主力军。2007 年之前，随着留学生群体的扩大，以留学生为代表的第一批个人代购兴起，这个阶段主要表现为熟人推荐的海外个人代购模式。2007 年淘宝上线"全球购"，随后一些专注于代购的网站不断涌现，海外代购行业发展壮大，2008 年随着海外代购和转运服务的发展，海淘的品类也从母婴商品扩展到保健品、电子产品、服装鞋帽、化妆品、奢侈品等。2010 年 9 月，我国调整进出境个人邮递物品管理政策，缩紧海淘与代购市场，海淘与代购的成本和风险剧增。随后，我国启动了跨境电商服务试点城市，跨境电商发展进入快车道。自 2014 年 7 月起，包括《海关总署关于跨境贸易电子商务进出境货物、物品有关监管事宜的公告》（公告〔2014〕56 号）、海关总署公告 2014 年第 57 号（关于增列海关监管方式代码的公告）在内的各类利好政策不断出台，涉及海关、商检、物流、支付等环节，刺激了跨境电商的发展，至此跨境电商企业不断涌现，也逐渐步入了正常发展的轨道。我国跨境电商发展阶段如图 1-3 所示。

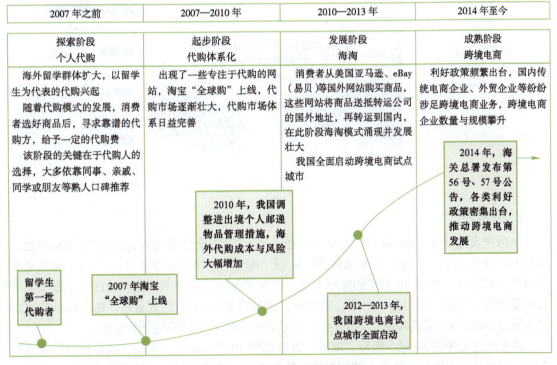

图 1-3　我国跨境电商发展阶段

单元四 跨境电商第三方平台

目前常见的跨境电商第三方平台主要有阿里巴巴国际站、速卖通（AliExpress）、Wish、敦煌网（DHgate）、eBay、亚马逊（Amazon）和 Lazada 等。

1. 阿里巴巴国际站

跨境电商
第三方平台（一）

阿里巴巴国际站是阿里巴巴集团最早创立的业务，是目前全球领先的跨境 B2B 电子商务平台，服务全世界数以千万计的采购商和供应商。阿里巴巴国际站专注服务于全球中小微企业，平台买卖双方可以在线更高效地找到适合的彼此，并更快、更安心地达成交易。此外，阿里巴巴外贸综合服务平台提供的一站式通关、退税、物流等服务，让外贸企业在出口流通环节也变得更加便利和顺畅。

阿里巴巴国际站是出口企业拓展国际贸易的首选网络平台。企业基于全球领先的企业间电子商务网站阿里巴巴国际站贸易平台，通过向海外买家展示、推广供应商的企业和产品，进而获得贸易商机和订单。

阿里巴巴国际站提供一站式的店铺装修、产品展示、营销推广、生意洽谈及店铺管理等全系列线上服务和工具，帮助企业低成本、高效率地开拓外贸大市场。阿里巴巴国际站的定位是为全国中小企业提供网上贸易市场，其首页如图 1-4 所示。

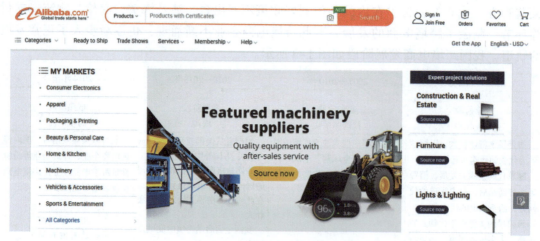

图 1-4　阿里巴巴国际站首页

2. 速卖通

全球速卖通（AliExpress）是阿里巴巴旗下唯一面向全球市场打造的在线交易平台，致力于跨境电商业务，被广大卖家称为国际版"淘宝"，其首页如图 1-5 所示。速卖通于2010 年 4 月上线，经过 10 多年的迅猛发展，已覆盖全球 220 多个国家和地区，主要交易市场为俄罗斯、美国、西班牙、巴西、法国等。速卖通拥有 18 个语言分站，每天海外买家的流量超过 5 000 万，最高峰值达到 1.5 亿，已经成为全球最大的跨境交易平台。

速卖通的业务覆盖 3C、服装、家居、饰品等共 30 个一级行业类目，其中优势行业主要有服装服饰、手机通信、鞋包、美容健康、珠宝手表、消费电子、电脑网络、家居、汽车摩托车配件、灯具等。

速卖通最大的特点是"价格为王"，对卖家而言，价格低有时是一种竞争优势。同时，速卖通非常重视营销推广。平台免费为卖家提供四大营销工具，即"单品折扣""满减活动""店铺 code"和"互动活动"。卖家也可付费参加平台的直通车活动，在短时间内获得大量的曝光和流量。直通车活动按照买家的有效点击数来付费，费用高低与推广评价及出价相关。

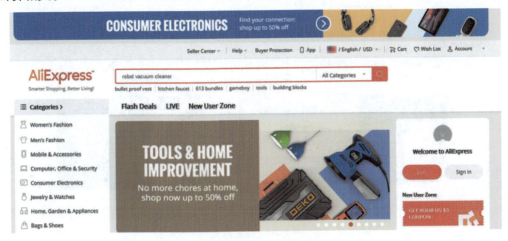

图 1-5　速卖通首页

3. Wish

Wish 公司于 2011 年 12 月创立于美国旧金山硅谷，起初只是一个类似于国内的蘑菇街和美丽说的导购平台。2013 年 3 月，Wish 在线交易平台正式上线，其首页如图 1-6 所示；移动 App 于同年 6 月推出，其页面如图 1-7 所示。

2014 年至 2019 年，Wish 每年的交易额都在不断创新高，成为北美和欧洲知名的移动电商平台。App Annie 的数据显示，2017—2019 年，Wish 三度蝉联全球购物类 App 下载量排行榜榜首。截至 2020 年 12 月 31 日，Wish 累计登顶 App Store 142 个国家和地区的购物类 App 下载量排行榜榜首。

值得一提的是，Wish 99% 的订单都是来自手机 App。2021 年，Wish 月活用户数已经达到 9 000 万，活跃买家 5 200 万，商户数量超过 50 万。其中 43% 的用户是千禧一代，90% 的用户活动通过移动应用完成。用户行为方面，Wish 用户喜欢浏览兴趣导向的瀑布流而非产品搜索，Wish 也将继续开拓发现式电商购物，通过发现式购物主页、全新促销展示、优质商户专属板块、上线视频功能等方式提升个性化的购物体验，并上线第二版"商户品牌店铺"，帮助商户打造品牌。

Wish 最大的特点就是专注于移动端购物。2021 年，Wish 平台 90% 的用户订单来自移动端。这个数据足以让亚马逊、eBay、速卖通等出口跨境电商大鳄"颤抖"。几乎人人都知道，我们正处于从 PC 端向移动端迁徙的时代。然而，能够摆脱传统 PC 互联网思维束缚，完全专注于移动端发展的平台少之又少。亚马逊、eBay、速卖通都已经在推广移动端 App 了，但这些移动应用都基本沿用了 PC 时代的思维，最多就是在交互设计方面进行了屏幕适应性调整。而 Wish 采取基于搜索引擎的匹配技术，即通过用户行为判断用户偏好，并通过数学的算法，将用户和商家、商品进行准确的匹配，每天给用户推送可能感兴趣的商品和商家。Wish 的这一特点与其两位创始人彼得·苏尔泽维斯基（Peter Szulczewski）和张晟（均具有硅谷背景，分别来自谷歌和雅虎，是典型的技术派）不无关系。Wish 秉持"让手机购物更加高效和愉悦"的原则，每屏只推送 4～6 个商品，并且以"瀑布流"的形式展示。

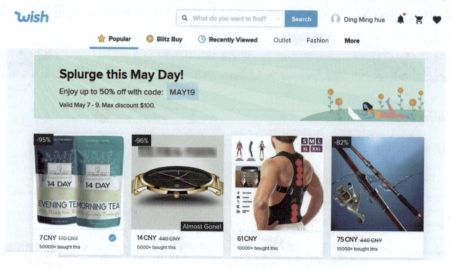

图 1-6 Wish 首页

图 1-7 Wish 手机应用页面

除了用电子邮箱进行注册，用户还可以通过已有的 Facebook 和 Google 账号进行关联。首次登录后，用户只需要填写性别、年龄等基本信息，以及选择感兴趣的商品种类，随后就会收到来自 Wish 的个性化商品推荐。而通过 Facebook 和 Google 登录的用户，Wish 还会通过数据分析他们在社交平台的信息，来进行有针对性的推送。

同时，Wish 给每个商品公平匹配流量导入，坚持"机会面前，人人平等"，适合中小卖家的起步和发展。与速卖通、eBay、亚马逊等其他平台通过关键词、收取额外费用来向用户推荐商品的办法不同，Wish 上的商户上传任何商品都是免费的，只有在交易成功后商户才需向平台支付一定比例的佣金，整个过程非常简单易行且没有任何的隐藏费用。Wish 没有其他平台盛行的比价功能，因此价格在 Wish 是不敏感的。所以适用于 eBay 和速卖通的规则对 Wish 完全不适用，后期流量拼的是产品的优化和客服的质量。

4. 敦煌网

跨境电商
第三方平台（二）

敦煌网（DHgate）于 2005 年正式上线，是全球领先的在线外贸交易平台，致力于帮助我国中小企业通过跨境电商平台走向全球市场，其首页如图 1-8 所示。截至 2020 年 12 月 31 日，敦煌网拥有 230 万以上累计注册供应商，累计注册买家超过 3640 万，覆盖全球 223 个国家和地区，拥有 100 多条物流线路和 10 多个海外仓。敦煌网采取佣金制，免费注册，只在买卖双方交易成功后收取一定比例的费用（一般为 0.5% ～ 21.5%）。敦煌网的优势项目为手机和电子产品。

作为第二代 B2B 电子商务的开拓者，敦煌网最大的特点是完善的在线交易环境和配套的供应链服务。敦煌网整合跨境交易涉及的各个环节，并将其纳入自身的服务体系。这种基于专业化分工的整合，将买卖双方从繁杂的交易过程中解放出来，使得复杂的跨境贸易变得相对简单。更为重要的是，敦煌网提供的各项服务，通过集合效应大大降低了交易双方的成本。

敦煌网还提供特有的拼单砍价服务，如果同时间会有许多货物发往同一个地方，敦煌网便会将相关信息搜集起来将这些货物一起发送，以帮助节省成本，或帮助互不相识的客户将货物拼到一个集装箱运输以降低成本。

图 1-8　敦煌网首页

5. eBay

eBay 是一个线上拍卖及购物网站，其首页如图 1-9 所示，于 1995 年 9 月 4 日由皮埃尔·欧米迪亚（Pierre Omidyar）以 Auctionweb 的名称创立于加利福尼亚州圣何塞。1999 年，eBay 开始全球扩张，首个海外站点是德国站。2002 年，eBay 合并 PayPal。2022 年，eBay 的业务覆盖 190多个国家和地区，超过 4 万个品类，全球近 1.5 亿活跃买家，日均成交量超过数百万单。

图 1-9　eBay 首页

相较于速卖通，eBay 对卖家的要求更严格些，对产品质量要求较高，但同样也拼价格。即产品质量要过得去，价格也要有优势。eBay 除了有和其他平台类似的常规产品出售，二手商品的交易也是 eBay 业务的重要组成部分。在 eBay，交易方式分为拍卖和一口价两种方式。eBay 对每笔拍卖向卖家收取 0.3 ～ 20 美元不等的刊登费，在交易成功后再收取一笔

3% ~ 15% 不等的成交费。在合并了 PayPal 后，eBay 的支付方式默认为 PayPal，商户在注册开店时必须绑定有效的 PayPal 账户。

6. 亚马逊

亚马逊（Amazon）成立于 1995 年，最初是一个销售书籍和音像制品的"网上书店"，其首页如图 1-10 所示。2000 年，亚马逊开始通过品类扩张和国际扩张，致力于成为全球最大的网络零售商。用户多为国外中高端消费群体。2022 年，亚马逊已成为全球第二大互联网公司。

图 1-10　亚马逊首页

在所有的跨境电商第三方平台中，对卖家要求最高的是亚马逊，它以产品为驱动，产品质量必须要有优势，而且还必须要有品牌才行，如果没有品牌，最好不要去亚马逊。亚马逊鼓励自助购物，将对于售前客服的需求降到最低，这要求卖家提供非常详细准确的产品详情和图片。

亚马逊支持货到付款，并且拥有自己的付费会员群体 Amazon Prime。每年支付 199 美元的会员费，Amazon Prime 会员就能享受免运费 2 日送达服务（个别商品除外），还能够通过亚马逊观看约 4 万部电影和电视剧集以及 50 万本 Kindle 电子书的借阅服务。虽然亚马逊从未公布 Amazon Prime 会员的具体人数，不过根据知名支付媒体 PYMNTS 的研究报告，2022 年年底， Prime 会员数量达到 1.66 亿人，这一庞大的会员人群主要为国外的高端消费群体，他们是亚马逊最具有价值的财产之一。

亚马逊的另一特色服务是亚马逊仓储物流体系（Fulfillment by Amazon，FBA），为商户提供物流和仓储的配套服务，并收取一定的费用。要使用亚马逊物流服务，卖家需要自行将商品进口到开店的各个海外国家，并储存在相应的亚马逊物流中心，由亚马逊来完成当地国的订单配送。虽然亚马逊物流服务的收费标准高于一般的仓储公司，但由于 FBA 得到买家较高的认可，不少买家都愿意支付更多的钱来选择 FBA。在同等条件下，FBA 卖家的曝光度高于普通卖家，抢到购物车的概率也更高，并且使用 FBA 的卖家所得到的任何由物流带来的中差评可以由亚马逊帮助移除。

7. Lazada

2012 年成立于新加坡、深谙东南亚国情的 Lazada 仅用三年时间便成为东南亚最大的电商平台，其首页如图 1-11 所示。Lazada 致力于通过商业和科技促进印度尼西亚、马来西亚、菲律宾、新加坡、泰国和越南六国市场发展。

图 1-11　Lazada 首页

Lazada 自 2016 年起成为阿里巴巴东南亚旗舰电商平台，获阿里巴巴集团前沿科技的支持，拥有东南亚全面覆盖的物流网络和领先的支付体系。东南亚电商发展迅猛，Lazada 跨境团队致力于为中国商家提供一站式出海解决方案。

2021 年，Lazada 年度活跃消费者达到 1.3 亿，GMV 突破 210 亿美元，80% 以上的福布斯排名前 100 的品牌已入驻 LazMall 品牌商城。Lazada 的发展历程如图 1-12 所示。

发展历程

图 1-12　Lazada 的发展历程

单元五　跨境电商发展现状及趋势分析

一、我国跨境电商发展现状

2018 年以来，跨境电商行业迎来利好，进博会及相关政策出台促进了行业发展。iiMedia Research（艾媒咨询）数据显示，2019 年我国海淘用户规模为 1.54 亿人，2020 年我国海淘用户为 1.58 亿人。随着我国消费者购买力提升，消费升级，个性化、高品质的消费需求突显，海外留学、海外旅游、海外文化输入等都为新一代海淘创造了文化环境。iiMedia Research（艾媒咨询）数据显示，2020 年有 30.7% 的海淘用户因海外商品质量好而选择海淘，超五成用户每月购物一次。质量越来越受到海淘用户的重视，用户对高品质的跨境电商需求逐渐增加，同时高频次海淘购物为跨境电商企业带来更多发展机遇。2013—2021 年中国跨境电商交易规模及增长率如图 1-13 所示。

图 1-13　2013—2021 年中国跨境电商交易规模及增长率

iiMedia Research（艾媒咨询）数据显示，2021 年有 60.1% 的中国进口跨境电商用户在选择平台时较为注重其"正品保障"，其次是售后服务质量，价格因素排行第三。中国进口跨境电商用户更相信商品品牌的力量，进而才是对性价比的考量。2021 年中国进出口跨境电商用户平台选择考虑因素如图 1-14 所示。

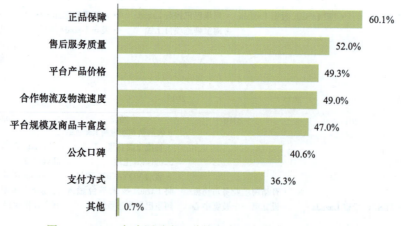

图 1-14　2021 年中国进出口跨境电商用户平台选择考虑因素

iiMedia Research（艾媒咨询）数据显示，2021 年购买日韩商品的中国进口跨境电商用户最多，占比达到 53.7%，购买欧洲进口品的中国跨境电商用户占比位居第二，日韩和欧美的商品质量检验标准较为严格，获得消费者的信赖。2021 年中国进口跨境电商用户购买商品产区分布如图 1-15 所示。

iiMedia Research（艾媒咨询）数据显示，2021 年，34.6% 的用户一年在进口跨境电商平台上购买 4～7 次，32.6% 的用户一年在进口跨境电商平台上购买的金额为 100～200 元，中国进口跨境电商用户在平台上的购买强度有待提升，对商品的购买多为复杂型购买，相比日常购买次数少、金额大、决策时间长。2021 年中国进出口跨境电商用户购买强度如图 1-16 所示。

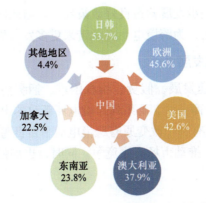

图 1-15 2021 年中国进口跨境电商用户购买商品产区分布

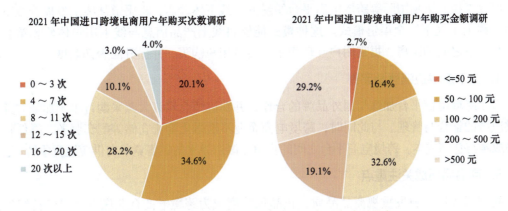

图 1-16 2021 年中国进出口跨境电商用户购买强度

iiMedia Research（艾媒咨询）数据显示，2021 年 62.8% 的中国进口跨境电商用户认为进口电商平台的物流速度有待提高，其次是对产品质量的把关。2021 年中国进出口跨境电商用户期待平台改进方面如图 1-17 所示。

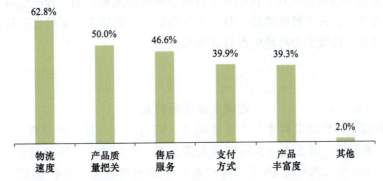

图 1-17 2021 年中国进出口跨境电商用户期待平台改进方面

二、我国跨境电商发展趋势分析

1. 跨境电商仍处于红利期

跨境电商行业迎来政策性利好，《中华人民共和国电子商务法》及系列跨境电商新政的出台将规范跨境电商行业的发展。此外，提高个人跨境电商消费限额、新增跨境电商综合试验区，为跨境电商行业进一步发展营造良好政策环境。与此同时，我国消费者购买力不断提升，跨境电商市场内需庞大，为跨境电商企业带来更多发展机遇。

2. 跨境电商行业规范化发展

伴随着跨境电商行业快速发展，假货、维权困难、捆绑搭售、大数据杀熟等乱象不断滋生。《中华人民共和国电子商务法》及系列跨境电商新政的出台对商品安全、税收、物流、售后等方面做出了明确规定，有利于改变原有跨境电商平台良莠不齐、行业野蛮生长的状况，使企业有章可循、规范发展，推动市场有序竞争。同时，也加强了对消费者权益的保护，有利于促进购买，推动行业发展。

3. 平台开启全渠道模式

网易考拉、天猫国际等跨境电商平台纷纷开设线下体验店，将渠道从线上发展到线下，开启"线上＋线下"全渠道模式。这种模式能够将线上产品信息与线下用户体验相结合，拉近与用户之间的距离，提高用户互动频率，促进用户购买，并提升品牌知名度。

4. 上下游供应链逐渐完善

多个跨境电商平台加强与国外品牌的合作，并在进博会签订大额采购订单，加强对其上游供应链的整合与管理。与此同时，跨境电商企业不断强化物流仓储等配套服务，降低物流运输成本与仓储成本。跨境电商平台之间的竞争逐渐由原来的销售竞争向供应链竞争转变。

5. 商品品质成关注重点

我国海淘用户愈发重视商品品质，正品保障度成为跨境电商企业赢得客户和持续发展的关键。各大跨境电商平台均采取相应措施进行正品把控，尤其是溯源体系的建设与完善，能够加强对商品质量的把控，提升用户信任度。

6. 人工智能和大数据助力跨境电商发展

跨境电商企业不断加强在人工智能和大数据方面的研发和应用，智能机器人分拣中心、自动化智能物流仓库、人工智能客服、基于大数据的精准消费者洞察等先进技术将会降低企业的人工服务成本，持续助力跨境电商行业发展。

> **小贴士**
>
> **跨境电商发展前景**
>
> 2020 年我国进口跨境电商市场交易规模达 3.07 万亿元。我国进口跨境电商增长速度稳定，行业政策利好，国家大力鼓励跨境电商发展。近年来，我国陆续设立的跨境电商综合试验区达 105 个，保税区 15 个，跨境电商 B2B 出口监管试点扩至 22 个海关，我国对跨境电商行业发展与监管并重，行业政策环境利好，国家加大对外开放力度，大力鼓励跨境电商发展。
>
> 2020 年 11 月 15 日，中日韩澳等 15 国签署《区域全面经济伙伴关系协定》（RCEP），标志着全球规模最大的自由贸易协定正式达成。协议促进缔约方之间电子商务的使用与合作，激发跨境电商的发展活力。2020 年 12 月 30 日，中欧宣布完成中欧投资协定谈判，协议带动中欧进出口贸易的扩大，对中国跨境电商起到推动作用，跨境电商发展前景良好。

模 块 实 训

实训目的 了解不同的跨境电商平台，掌握其特点，为更好地开展跨境电子商务打下坚实基础。

实训内容

选择不同的跨境电子商务平台进行调研，将结果填入表1-1。

表1-1 跨境电子商务平台调研

跨境电子商务类型		平 台 名 称	平台运营推广	平台经营业绩
按照商业模式分类	B2B 跨境电子商务平台			
	B2C 跨境电子商务平台			
	C2C 跨境电子商务平台			
按照平台经营商品品类分类	垂直型跨境电子商务平台			
	综合型跨境电子商务平台			
按照商品的流动性分类	进口跨境电子商务平台			
	出口跨境电子商务平台			
按照平台运营方式	第三方开放平台			
	自营型平台			

实训总结

通过对各大跨境电商平台的调研，总结跨境电商国内外发展情况及未来发展趋势。

课 内 测 试

一、选择题

1. 以下（ ）是垂直型跨境电子商务平台。
 　A．eBay　　　　　　B．速卖通　　　　　C．亚马逊　　　　　D．蜜芽
2. 跨境电子商务的商业模式有 B2B、B2C、C2C，其中 B2B 是指（ ）。
 　A．企业对企业　　　B．企业对个人　　　C．个人对个人　　　D．企业对政府
3. 海关监管方式代码"9610"的含义是（ ）。
 　A．跨境贸易电子商务　　　　　　　　　　B．保税跨境贸易电子商务
 　C．保税跨境贸易电子商务A　　　　　　　D．进出口跨境电子商务
4. 海关监管方式代码"1210"的含义是（ ）。
 　A．跨境贸易电子商务　　　　　　　　　　B．保税跨境贸易电子商务
 　C．保税跨境贸易电子商务A　　　　　　　D．进出口跨境电子商务
5. 海关监管方式代码"1239"的含义是（ ）。
 　A．跨境贸易电子商务　　　　　　　　　　B．保税跨境贸易电子商务
 　C．保税跨境贸易电子商务A　　　　　　　D．进出口跨境电子商务

二、简答题

1. 什么是跨境电子商务？
2. 跨境电子商务的特征包括哪些？
3. 简述我国跨境电子商务的发展现状及未来趋势。

Moudle 2

模块二

跨境电商平台规则

───── 学习目标 ─────

➤ 知识目标：

◎ 理解跨境电子商务平台规则的重要性。

◎ 熟悉全球速卖通、eBay 等跨境平台的基本规则。

➤ 技能目标：

◎ 能够对跨境电子商务平台规则形成初步认识，为后续开店、产品发布、订单管理及交易服务等内容的学习做好准备。

➤ 素养目标：

◎ 无规矩不成方圆，树立遵纪守法意识，合法合规运营跨境电子商务。

模块导入

全球速卖通 2020 年招商新政：年费改为保证金，三次考核不达标将被清退

全球速卖通发布公告表示，为了更好地保障消费者体验，规范卖家的经营行为，平台将于北京时间 2019 年 11 月 27 日下午 14:00 左右启动新的招商政策。

2019 年 11 月 27 日 14:00 功能上线后申请入驻的新卖家，无须向平台缴纳年费，但应按照卖家规则提供保证金。卖家在申请入驻经营大类时，应指定缴纳保证金的支付宝账号并保证其有足够的余额。平台将在卖家的入驻申请通过后通过支付宝冻结相关金额，如果支付宝内金额不足，权限将无法开通。保证金按店铺入驻的类目（经营大类）收取，收取标准参照现有的年费标准。如果店铺入驻多个类目（经营大类），则保证金为多个类目（经营大类）中的最高金额，不做叠加。针对北京时间 2019 年 11 月 27 日前已入驻的老商家，平台计划于 2020 年 1 月启动续签或重新入驻流程，11 月 27 日上线的功能与这部分卖家没有操作上的关联影响。

针对新商家的入驻，速卖通方面强调，用于保证金缴纳的支付宝账号一经指定，在店铺未彻底退出、清算前，不得变更。在出现保证金处罚后，卖家也应当按照卖家规则通过该指定支付宝账号进行补缴（但请注意：卖家退出后，同一经营年度内不得再准入同一经营大类）。同时，速卖通未来会为经营能力良好的卖家引入网商银行作为额外担保人，为卖家遵守和履行卖家规则提供担保。对于由网商银行作为额外担保人的卖家，平台将释放由支付宝冻结的保证金，释放后，网商银行有权直接从平台释放的保证金中划扣与保证范围一致的金额，作为卖家向网商银行的履约担保。

速卖通中的违规说明见表 2-1。

表 2-1　速卖通中的违规说明

违规类型	违规场景	违约金金额及其他处罚
违规扣分	因知识产权严重违规累计达 2 次	3 000 元人民币
	因知识产权禁限售违规扣分累计达 24 分时	3 000 元人民币
	因知识产权禁限售违规扣分累计达 36 分时	5 000 元人民币
	因商品信息质量违规扣分，每扣 12 分节点时	500 元人民币
	因知识产权禁限售违规、交易违规及其他、知识产权严重违规等被扣 48 分或直接关闭账号的	违约金金额为保证金金额
违反虚假发货规则	构成虚假发货规则的一般违规，每被扣除 2 分	500 元人民币
	构成虚假发货规则的严重违规，每被扣 12 分	1 000 元人民币
违反成交不卖规则	构成成交不卖规则的一般违规，每被扣除 2 分	500 元人民币
	构成成交不卖规则的严重违规，每被扣 12 分	1 000 元人民币

速卖通平台鼓励持续给消费者提供良好服务的卖家不断壮大经营体量，但反对损害消费者体验的经营行为。平台将对考核规则升级：

（1）平台将启动店铺服务能力考核：平台将在商家成长的基础上，升级原"服务能力"模块，重新定义服务能力考核指标，后续每月考核服务能力得分，若累计三次不满足平台要求则清退出平台，清退后不予再次入驻。

（2）商品治理：平台将加大商品搜索作弊的处罚，同时针对持续无出单、无浏览曝光商品将定期下架，以此提醒卖家精细化运营自己的商品。

【思考题】

结合速卖通保证金政策，谈谈你对跨境电商平台规则重要性的认识。

单元一　发布规则

正确发布商品信息不仅符合电商平台的规则要求，也能更好地展示商品，提高成交量，避免卖家发货后因商品描述不符而产生不必要的交易纠纷。因此，在跨境电商平台上发布商品时必须要熟悉其发布规则，如实描述商品。

1. 选择正确的分类

首先要考虑商品分类，发布商品必须选择其正确的类目，如商品存在多级子分类，需将商品发布在相对应的分类中。但在实践中还是经常会出现商品实际类别与发布商品所选择的类目不一致的情况。2017 年，全球速卖通在关于《手机配件商品类目错放及发布规范化治理》公示中，明确了一些容易错放的类目。例如：移动电源应准确发布在电话和通信—手机配件和零件—移动电源类目，不应发布在消费电子、手机充电器等类目，如图 2-1 所示；手机数据线应准确发布在电话和通信—手机配件和零件—手机线材类目，不应发布在消费电子、电脑办公等类目；背夹电池应准确发布在电话和通信—手机配件和零件—背夹电池类目，不应发布在手机壳、消费电子等类目。

图 2-1　类目放错实例

产品类目放错会影响产品信息质量的相关性，继而影响排序，并且平台也会对此采取相应的处罚措施。

全球速卖通平台将对类目错放的商品采取调整搜索排名、删除商品、下架商品的措施，如违反搜索作弊规则的商品累积到一定量，平台将对店铺内全部商品或部分商品（包括违规商品和非违规商品）采取调整搜索排名的措施；情节严重的，平台将对店铺内所有商品进行屏蔽；情节特别严重的，平台将冻结账户或关闭账户。

用户发布商品时，类目选择正确，但选择的属性与商品的实际属性不一致，属于属性错选。这类错误导致网站前台商品展示在错误的属性下，平台会进行规范处罚，要求正确填写属性信息。从图 2-2 可以明显看出，该商品为"full sleeve"，但是在商品发布时卖家选择了属性"sleeve length"的"half"属性值，则在前台导航时，当用户选择了"half"属性值时，则该商品被展示出来，属于错误曝光的一种，影响了这件商品的成交转化。

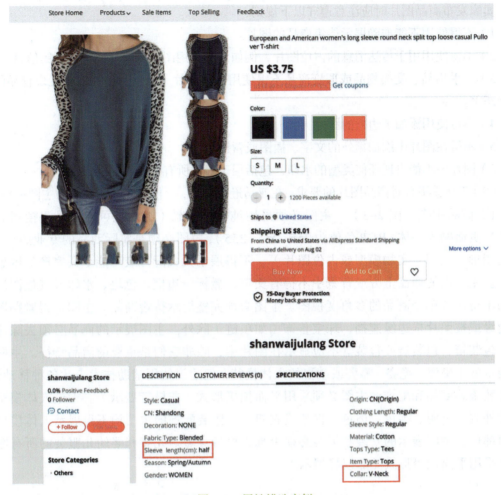

图 2-2　属性错选实例

2. 正确设置物品所在地

以 eBay 为例，卖家刊登商品时必须在"物品所在地"栏如实填写物品寄出地点。一般情况下物品所在地需与账户信息相符，如果物品所在地为外地或其他国家，务必在发布时选择真实的物品所在地，而不能仅在物品描述中做出声明，以避免交易过程中可能出现的物流纠纷。此外，还需注意运费的设置要与物品所在地相匹配，当物品被拍下时，运费应当是从物品所在地到买家收货地的运输费用。

3. 商品图片标准

不同于传统实体店的购物体验，消费者在网购时只能通过图片了解商品的外观及性能等基本信息，因此高品质的图片可以让消费者更好地了解商品，带来更好的视觉体验，使物品更容易售出。为更好地展示店铺商品，各大电商平台对图片发布都有一套详细的标准，在选用图片时需遵循这些细节要求。

（1）eBay 对商品图片的要求。当卖家发布商品时，必须至少包含一张最长边为 500 像素的图片，但 eBay 建议加入更多图片，以提高成功售出的机会。建议用简单干净的纯色背景以突出产品；为避免图片模糊抖动，可使用三脚架进行拍摄；拍摄时尽量还原产品本色等。

卖家发布商品图片时应注意遵守以下规则：

1）不得使用不能准确展示待售商品的图片。

2）不得使用用于传达消息的占位图片，例如没有可用图片、缺货或其他营销信息。

3）二手物品、受损物品或瑕疵商品不得使用预存图片（因预存图片不能展现物品的现有状态）。

4）不得使用添加了边框的图片。

5）不得在图片中添加额外的文字、插图或营销信息。

6）图片中不能出现任何类型的水印，包括用于表明所有权归属的水印。

（2）亚马逊平台对商品图片的要求。在亚马逊平台中，上传的商品图片分为主图和辅图。

1）商品主图（图 2-3）。主图必须采用纯白色背景（纯白色可与亚马逊搜索和商品详情页面融为一体，RGB 色值为 255、255、255），主图必须是实际商品的专业照片（不得是图形、插图、实物模型或占位图片），不得展示无关配件或可能令买家产生困惑的道具。主图内的商品上方或背景中不得有文字、徽标、边框、色块、水印或其他图形。主图不得包含单个商品的多角度视图。主图必须完整展示待售商品。主图不得紧贴图片框边缘或被图片框边缘遮挡，珠宝首饰（如项链）除外。主图展示的商品必须去除外包装，包装箱、包装袋或包装盒不应显示在图片中，除非它们是重要的商品特征。主图不得展示处于坐姿、跪姿、靠姿或躺姿的人体模特；但建议使用辅助技术表达各种移动性。多件装服装商品和配饰的主图必须采用平面拍摄形式（非模特展示）。无论人体模型是何种外观（透明、纯色、肉色、框架或衣架），服装配饰的主图均不得展示人体模型的任何部位。主图展示的女装和男装必须由真人模特穿着。儿童和婴幼儿服装的所有图片必须采用平面拍摄形式（非模特展示）。

图 2-3　亚马逊商品主图示例

2）商品辅图。辅图可以展示细节等方面，对产品做不同侧面的展示、产品使用的展示或对在主图中没有凸显的商品特性做补充。亚马逊商品详情页面中，卖家可以最多添加 8 张辅图，辅图最好和主图一样也是纯白的背景，但不做强制要求。图片必须与商品名称相符，必须准确展示待售商品，商品形象必须占据图片区域中85%或以上的面积。亚马逊接受 JPEG（.jpg 或 jpeg）、TIFF（.tif）、PNG（.png）或 GIF（.gif）文件格式，但首选 JPEG。

3）图片尺寸。要在详情页面达到最佳缩放效果，文件最长边的分辨率最好不小于 1 600 像素，事实证明，提供缩放功能有助于提高销量。如果无法满足此要求，那么可进行缩放的文件的最小尺寸为 1 000 像素，而用于网站展示的文件的最小尺寸为 500 像素。图片最长边的分辨率不得超过 10 000 像素。

（3）全球速卖通对商品主图的要求。

商品主图背景底色为纯色，最好为白色或浅色底；图片上不能出现多余文字。图片要求不低于 800 像素 ×800 像素，宽高比例为 1:1 或 3:4，同一组图片尺寸需保持一致。图片要求无边框，不建议拼图；Logo 统一放在图片左上角。

针对不同的行业特性，商品主图的要求也略有不同。以童装行业商品主图要求为例，其商品主图如图 2-4 所示。

图 2-4　童装行业商品主图示例

1）图片背景底色为白色或纯色，店铺应统一背景风格，模特居中展示需要占主体 70% 以上，不允许有杂乱背景展示，不允许加边框，Logo 统一放在图片左上角。

2）允许两张拼图，左侧为模特图，右侧为实物图，但不允许三张以上的拼图。

3）实物图可以平铺，但背景色和风格必须统一，且主图中只能出现一张主体图片。

4）主图建议为正方形，尺寸为 800 像素 ×800 像素，建议上传 6 张图片，第一张为正面图，第二张为侧面图，第三张为背面图，第四至五张为产品的细节图，第六张为实物图。

4. 严禁重复发布相同商品

（1）全球速卖通重复铺货规则（包括但不限于以下几种情况）。

1）商品的属性、图片、详细说明以及交易信息均相同，但信息的标题通过商品名的罗列、商品别名变化、商品修饰词变化而表现得不同，属于重度重复信息的范畴。

2）相同的商品，通过更改价格、计量单位和供货总量发布的信息，可判定为重度重复信息。

3）相同的商品，如果图片中的商品主体相同，只是背景不同，可判定为重度重复信息。

4）相同的商品，通过在标题、详细说明、属性中添加无效的文字、数字、字母、符号、图片等内容而表现得不同，可判定为重度重复信息。

5）相同的商品，通过更改信息图片的排列组合，更改信息标题、详细说明、属性中内容的排列组合而表现得不同，可判定为重度重复信息。

6）将同个商品的详细说明或者属性分段拆分成多条信息发布，可判定为重度重复信息。

（2）eBay 重复物品刊登政策。

为确保买家可从多个卖家处进行多样化的选择，eBay 不允许同一个卖家针对相同的物品同时进行多个一口价刊登。包括：

1）在不同类别中刊登相同的物品，或使用不同的用户名刊登相同的物品。

2）刊登没有显著差异的物品，例如在具有相同物品的两个物品刊登中添加不重要的赠品。

相同的物品可以进行多个拍卖的形式刊登，但存在一定限制，买家一次只能看到一个无出价的物品刊登。当第一个物品刊登收到出价或结束时，下一个物品刊登才会显示。对于相同的通用物品（例如 AA 电池），不允许进行多个一口价刊登。可以在不同的 eBay 站点上针对同一个物品创建多个单独的物品刊登，只要跨国运送选项不会导致任何一个站点的物品刊登搜索结果出现混乱即可。对于适用于多种设备的相同物品，如果每个物品刊登可清楚地区分适用的品牌或型号，则最多允许创建 5 个单独的一口价物品刊登。

单元二　交易规则

为维持平台的正常有序运营，更好地维护买家和卖家的利益，为双方营造相对公平稳定的交易场所，为买家创造良好的购物体验，各平台均制定了相应的交易规则。

1. 全球速卖通交易规则

全球速卖通制定了十三节交易规则，包括：注册，认证、准入及开通店铺，商标准入及经营，发布商品，搜索排序，订单超时规定，物流，纠纷，售后宝服务，评价，放款，提现、佣金，拒付。

速卖通交易规则

第二章第五节第三十一条规定，速卖通有权按照系统设定的统一算法进行平台商品的排序。商品在搜索页面的排序包含多种因素，包括但不限于商品的信息描述质量、商品与买家搜索需求的相关性、商品的交易转化能力、卖家的服务能力、搜索作弊的情况。第二章第六节第三十二条规定，就平台一般商品，自买家下订单起的 20 天内，买家未付款或者付款未到账的，订单将超时关闭。在闪购、限时抢购等特殊交易场景下，为维护卖家利益，买家未付款或付款未到账的订单会在平台认为的合理时限内（半小时起）关闭。

学习园地

无规矩不成方圆，跨境电商的"有限自由"

在跨境电商行业中，不同的主体需要承担不同的义务，实行不同的责任。但不同的跨境电商主体都有一个共同的义务，就是跨境电商必须站在合法合规的轨道上。只有更加规范、合规的营商环境，才能让企业实现更好的发展，而不合规的跨境电商会将承担账号冻结等严重后果。

以全球速卖通平台一则严重扰乱市场秩序会员处罚公告为例。

接举报发现以 cn1000××× 为代表的部分账号存在严重扰乱市场秩序的行为。主要手段是采用严重超低价（商品价格已远远低于其成本价）的违规行为吸引大量买家下单，对广大诚信卖家的正常销售活动带来了非常严重的影响。并且，当买家下单后该部分账号又通过成交不卖或虚假发货或发质量低劣货物的方式严重损害了买家正常的购物体验。由于这类卖家的行为已经对广大诚信卖家及买家造成了非常恶劣的影响，因此，根据《全球速卖通平台规则（卖家规则）》的相关规定，平台已对其处以关闭账号的处罚。同时，通过技术方式，平台发现这些账号背后其实是同一批人员在操作。为了严惩此类行为，还广大卖家一个公正公平的市场环境，平台将这批严重违规会员操作的账号，根据相关规定一并处以关闭账号的处罚。

2. eBay 交易规则

eBay 规定以下两种行为属于交易违规：

（1）卖家成交不卖。

当卖家刊登在 eBay 上的物品有买家成功竞标时，买卖双方相当于签订了交易合同，双方必须在诚信的基础上完成。根据这一合约，卖家不可以在网上成功竞标后拒绝实际成交，也不可以收到货款不发货。如果卖家因为物品本身的原因无法完成交易（如损坏），卖家需及时与买家沟通，解释说明并提供解决方案，以获得买家的理解与谅解。虽然在这种情况下，eBay 鼓励买家与卖家进行沟通，获取新的解决方案，但买家不是一定要接受卖家的建议，同时这可能会被记录为一次卖家的不良交易。所以卖家在发布商品时必须熟知商品库存，在收到款项后及时发货，避免违反此规则。

（2）卖家自我抬价。

自我抬价是指人为抬高物品价格，即卖家在竞拍的过程中，通过注册或操纵其他用户名虚假出价，或者是由卖家本人或与卖家有关联的人进行出价，从而达到将价格抬高的目的。自我抬价以不公平的手段提高物品价格，会造成买家不信任出价系统，为 eBay 全球网络交易带来负面影响。为确保 eBay 全球交易的公平公正，eBay 禁止抬价。由于卖家的家人、朋友和同事可以从卖家那里得到其他用户无法得到的物品信息，因此即使他们有意购买物品，为保证公平竞价，亦不应参与出价竞投。不过，家人、朋友和同事可在不违反该规则的条件下，以"一口价"的方式直接购买物品。

1. 全球速卖通知识产权规则

在全球速卖通平台，严禁用户未经授权发布、销售涉及第三方知识产权的商品。知识产权侵权行为包括但不局限于以下三类，见表2-2。

表2-2 侵权行为类型及定义

速卖通
知识产权规则

侵权行为类型	定义
商标侵权	指的是未经商标权人许可，在相同或类似产品或服务上使用与其注册商标相同或者近似的商标
专利侵权	指未经权利人许可，以生产经营为目的实施了专利权保护范围内的有效专利的行为。假冒专利也属于侵权行为
著作权侵权	指的是非法复制图书、杂志、音像制品、计算机软件、电子出版物，或是盗用他人的摄影作品、产品设计等，并用作商业用途

> **小贴士**
>
> **跨境电商知识产权保护在提速**
>
> 近年来，随着我国跨境电商交易规模快速增长，跨境电商领域的知识产权纠纷日渐增多。对此，相关部门纷纷采取行动，促进跨境电商健康发展。我国正在研究制定跨境电商知识产权保护指南，以引导跨境电商平台防范知识产权风险、防范假冒伪劣商品，保护企业的合法权益。
>
> 打击侵权势在必行。海关总署公布了一批侵犯知识产权典型案例，涉及对国内外权利人商标专用权、奥林匹克标志专有权等知识产权的平等保护，涵盖食品、化妆品、服装、香烟、玻璃杯等消费品领域以及货运、跨境电商、邮递等重点渠道。海关总署发布的数据显示，2021年前5个月，全国海关共查扣侵权嫌疑货物2.7万批次，扣留侵权嫌疑货物3086万件。
>
> 由于跨境电商领域涉及的知识产权存在地域性保护，加之国内知识产权保护意识淡薄、管理制度尚未完善等原因，跨境电商知识产权保护仍然面临着巨大挑战。知识产权侵权行为不仅影响着跨境电商发展，而且会引发跨境电商知识产权摩擦，严重制约我国企业国际竞争力的提升。浙江某集团有限公司董事长认为，知识产权保护已成为我国跨境电商转型发展的"痛点"所在。跨境电商发展面临境内知识产权保护壁垒、境外知识产权维权困难的双重压力。
>
> 《国务院办公厅关于加快发展外贸新业态新模式的意见》明确提出，要完善信息数据、信用体系、知识产权保护等方面的标准、制度。要研究制定跨境电商知识产权保护指南，引导跨境电商平台防范知识产权风险。加强知识产权保护、跨国物流等领域国际合作，参与外贸新业态新模式的国际规则和标准制定。这些工作由商务部牵头，相关部门按职责分工负责。

全球速卖通知识产权具体规则见表 2-3。

表 2-3　全球速卖通知识产权具体规则

侵权类型	定　义	处　罚　规　则
商标侵权	严重违规：未经商标权人许可，在同一种商品上使用与其注册商标相同或相似的商标	三次违规者关闭账号
	一般违规：其他未经权利人许可使用他人商标的情况	1）首次违规扣 0 分 2）其后每次重复违规扣 6 分 3）累计达 48 分者关闭账号
著作权侵权	未经权利人授权，擅自使用受版权保护的作品材料，如文本、照片、视频、音乐和软件，构成著作权侵权 实物层面侵权： 1）盗版实体产品或其包装 2）实体产品或其包装非盗版，但包括未经授权的受版权保护的作品 信息层面侵权： 产品及其包装不侵权，但未经授权在店铺信息中使用图片、文字等受著作权保护的作品	1）首次违规扣 0 分 2）其后每次重复违规扣 6 分 3）累计达 48 分者关闭账号
专利侵权	侵犯他人外观专利、实用新型专利、发明专利、外观设计（一般违规或严重违规的判定视个案而定）	1）首次违规扣 0 分 2）其后每次重复违规扣 6 分 3）累计达 48 分者关闭账号 （严重违规情况，三次违规者关闭账号）

注：1. 速卖通会按照侵权商品投诉被受理时的状态，根据相关规定对相关卖家实施适用处罚。
　　2. 同一天内所有一般违规及著作权侵权投诉，包括所有投诉成立（商标权或专利权：被投诉方被同一知识产权投诉，在规定期限内未发起反通知，或虽发起反通知，但反通知不成立；著作权：被投诉方被同一著作权人投诉，在规定期限内未发起反通知，或虽发起反通知，但反通知不成立），及速卖通平台抽样检查，扣分累计不超过 6 分。
　　3. 三天内所有严重违规，包括所有投诉成立（即被投诉方被同一知识产权投诉，在规定期限内未发起反通知；或虽发起反通知，但反通知不成立）及速卖通平台抽样检查，只会做一次违规计算；三次严重违规者关闭账号，严重违规次数记录累计不区分侵权类型。
　　4. 速卖通有权对卖家商品违规及侵权行为及卖家店铺采取处罚，包括但不限于①退回或删除商品 / 信息；②限制商品发布；③暂时冻结账户；④关闭账号。对于关闭账号的用户，速卖通有权采取措施防止该用户再次在速卖通上进行登记。
　　5. 每项违规行为自处罚之日起有效 365 天。
　　6. 当用户侵权情节特别显著或极端时，速卖通有权对用户单方面采取解除速卖通商户服务协议及免费会员资格协议、直接关闭用户账号及速卖通判断与其相关联的所有账号，及 / 或采取其他为保护消费者或权利人的合法权益或平台正常的经营秩序，由速卖通酌情判断认为适当的措施。这些情况下，速卖通除有权直接关闭账号外，还有权冻结用户关联国际支付宝账户资金及速卖通账户资金，其中依据包括为确保消费者或权利人在行使投诉、举报、诉讼等救济权利时，其合法权益得以保障。"侵权情节特别显著或极端"包括但不限于以下情形：
　　　　1）用户侵权行为的情节特别严重。
　　　　2）权利人针对速卖通提起诉讼或法律要求。
　　　　3）用户因侵权行为被权利人起诉，被司法、执法或行政机关立案处理。
　　　　4）因应司法、执法或行政机关要求，速卖通处置账号或采取其他相关措施。
　　　　5）用户所销售的商品在产品属性、来源、销售规模、影响面、损害等任一因素方面造成较大影响的。
　　　　6）构成严重侵权的其他情形（如以错放类目、使用变形词、遮盖商标、引流等手段规避）。
　　7. 速卖通保留以上处理措施等的最终解释权及决定权，也会保留与之相关的一切权利。
　　8. 本规则如中文和非中文版本存在不一致、歧义或冲突，应以中文版为准。

2. eBay 知识产权规则

　　eBay 高度重视保护知识产权以维持公平的在线交易平台环境。因此 eBay 上不允许刊登侵犯他人知识产权的物品或产品。诸如未经授权在刊登时使用权利所有者的图像、商标或文本，或是未经授权的音频、视频或其他媒体形式，销售假冒仿制物品，这些都是侵犯他人知识产权的行为。此外，eBay 对可能有侵犯知识产权问题的部分物品（比如名人亲笔签名）做了限制性规定。为提供进一步的支持，eBay 创建了保护知识产权（Verified Rights Owner，VeRO）计划，以便知识产权持有人可以举报侵犯他们知识产权的物品。非法使用他人的知识产权是违法的,一旦确认侵权成立,eBay 会从网站上移除侵权物品,并将惩处结果告知涉嫌侵权的卖家。违反了 VeRO 计划中的政策,卖家可能会面临销售限制,甚至 eBay 账号完全被封。

单元四 评 价 规 则

1. 全球速卖通评价规则

全球速卖通平台的评价体系分为信用评价及店铺评分。其中"信用评价"包括"好评率"和"评论内容","评论内容"包括"文字评论"和"图片评论"。"店铺评分"是指买家在订单交易结束后以匿名的方式对卖家在交易中提供的商品描述准确性、沟通质量及回应速度、物品运送时间合理性三方面服务做出的评价,是买家对卖家的单向评分。信用评价买卖双方可以进行互评,但卖家分项评分只能由买家对卖家做出。全球速卖通商品评价示例如图 2-5 所示。

所有卖家全部发货的订单,在交易结束 30 天内买卖双方均可评价。买家提起未收到货纠纷且发生退款,退款结束后,交易结束 30 天内买卖双方均可评价,但不计入好评率。对于信用评价,买家评价即生效;双方都未给出评价,则该订单不会有任何记录。

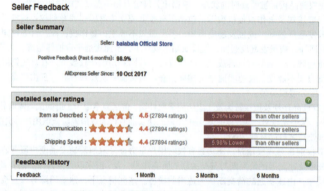

图 2-5 全球速卖通商品评价示例

商家好评率、商品评分和店铺评分的计算:

(1)店铺的订单将根据系统自动判断计入好评率和商品分数。

(2)补运费/差价、赠品类目、定制化商品等特殊商品的评价不计入好评率和商品分数。除以上情况之外的评价,都会正常计算商家好评率、商家/商品评分。不论订单金额,都统一为:四星五星加 1 分,三星不加分,一星和二星扣 1 分。

2. eBay 评价规则

eBay 的信用评价体系包括互评机制和卖家评分。每完成一笔交易,卖家和买家都有机会为对方打分,但卖家只有权利给予买家好评或者放弃评论。买家不得以差评或留低分相威胁,意图获得额外利益,卖家不能以提供利益的方式要求买家留改好评。要在 eBay 上出售物品,卖家必须公开信用评价档案。买家可以为交易过的卖家留下信用评价(好评、中评或差评),每个好评加 1 分,每个中评不加分,每个差评扣 1 分。

信用评分达到 10 分后,卖家会获得一个黄色星星显示在个人档案上。随着信用评分增加,星星的颜色也会变化,如果超过 1 000 000 个评分,将变成银色流星。因此,用户名旁边的彩色星星可帮助买家找到信用评分较高的卖家，见表2-4。

表 2-4　不同星星代表的信用评分

星 星 类 型	信 用 评 分	星 星 类 型	信 用 评 分
黄色之星（★）	10～49分	黄色流星（★）	10 000～24 999分
蓝色之星（★）	50～99分	蓝绿色流星（★）	25 000～49 999分
蓝绿色之星（★）	100～499分	紫色流星（★）	50 000～99 999分
紫色之星（★）	500～999分	红色流星（★）	100 000分或499 999分
红色之星（★）	1 000～4 999分	绿色流星（★）	500 000分或999 999分
绿色之星（★）	5 000～9 999分	银色流星（★）	1 000 000分或以上

卖家的信用评分以百分比的形式显示在用户名下方。如果卖家评分为96.5%，这意味着在留下信用评价的买家中，有96.5%的买家具有良好的体验。在用户名旁边的括号中还可以看到以数字显示的卖家星级评分，这表示有多少位买家给卖家留下了信用评价，如图2-6所示。

图 2-6　eBay 评价示例

买家可以通过查看卖家服务评级（Detailed Seller Rating，DsR）了解详细的卖家表现。卖家服务评级体系以五星制为标准，5颗星为最高评级，1颗星则为最低评级。因而分值也相应地在1～5分之间，5分为最高分，1分为最低分。买家对卖家提供的以下四方面服务进行卖家服务质量评级：

（1）物品描述准确性。

（2）沟通。

（3）物品运送时间。

（4）运费合理性。

为了使买家获得更好的购物体验，eBay会将DSR评分高的卖家的商品优先推荐给买家，这些卖家获得更高的商品曝光度。DSR分值过低的卖家，其商品在搜索结果列表中排名靠后，会降低商品曝光率。

单元五　卖家保护规则

为了提供一个公平的交易平台，当卖家交易遇到无法预计的灾害或事故，或者遇到不良买家时，平台出台了一系列的规则保护卖家的权益。

1. 全球速卖通卖家保护规则

交易期间突发不可抗力事件，平台会根据不可抗力事件的具体情况酌情处理。

（1）对因该事件引起的"成交不卖""纠纷提起"订单是否计入相关指标进行综合判断，具体的判定和范围以平台公告为准。

（2）在纠纷处理规则和时效上会做出相应的调整，具体的判定及时间以平台公告为准。

2. eBay 卖家保护规则

买家不得滥用 eBay 的信用评价、退货、买家保障计划或付款纠纷流程。常见情形包括买家使用或损坏物品后退货；买家已撤回出价或未付款；买家要求原始物品刊登中未提供的物品等。

当 eBay 确定买家违反滥用买家权利时，eBay 将移除该买家发布的所有信用评价和与之有关的不良交易记录，包括服务指标中待处理的纠纷。对于滥用权利的买家，eBay 可能还会限制其在 eBay 网站上提交退货请求的权限。对于严重的个案或多次滥用权利的行为，eBay 可能会冻结买家账户。如果出现卖家无法控制的情况，例如恶劣天气、物流公司运送延迟、物品延迟送达但追踪信息显示卖家已及时发货，eBay 会通过自动调整延迟配送率，移除不良交易记录以及信用评价来保障卖家的利益。

单元六 用户沟通规则

买卖双方的有效沟通有利于交易的顺利完成，沟通不畅则会对销售产生不良影响，甚至会产生纠纷。因此，各平台为规范平台秩序，对用户沟通行为和内容也做出相应规定。此处以 eBay 用户沟通规则为例进行介绍。

1. 禁止使用不雅言辞

eBay 绝不允许网站的公共区域上有任何不雅或粗俗的语言出现，包括种族歧视、仇恨、色情，或者带有亵渎性及淫秽含意的语言。所谓公共区域指的是网站上会员可查阅的所有区域，包括物品页、"我的档案"页、"eBay 商店"页、讨论区、聊天室或其他任何区域。如果卖家发现信用评价意见中含有不雅言辞，可以参照"信用评价移除政策"，并依规定提出移除信用评价申请。

2. 禁止滥发垃圾邮件

垃圾邮件是指未经允许且具广告性质的电邮。禁止发送提议在 eBay 以外进行私下交易的电邮，这种性质的提议对买卖双方具有潜在的诈骗风险，是构成规避 eBay 收费的违规行为。用户应警惕假冒 eBay 的电子邮件和网站，eBay 绝不会在电子邮件中要求用户通过邮件中的链接及功能提供个人资料。

垃圾邮件不包括以下所列：eBay 意见调查、推广活动信息或其他电子邮件，非滥发性质的电子邮件。

3. 禁止滥用 eBay 联系功能

eBay 提供了一套联络系统，包括"联络会员""询问卖家问题"等功能，这些功能的目的是为会员提供公开的沟通途径，所以必须是为了协助交易顺利进行才可以通过这个系统传送信息，不能作为宣传及广告等私人用途。

单元七　其他规则

合法合规经营是跨境电商企业生存发展的长久之计。电子商务活动的开展应遵循平台规则，跨境电商贸易的经营者应关注经营活动的合规性问题，只有在跨境电商新业态中熟悉规则，把握规则，才能更好地规避跨境电商运营过程中可能出现的高频违规问题。除了之前涉及的发布、交易、知识产权、评价、卖家保护及用户沟通等规则，还有其他诸多涉及电子商务方面的规定。这里以速卖通为例进行介绍。

1. 物流规则

关于发货方式，基于速卖通平台的物流政策，卖家可自主选择发货采用的物流服务，包括但不限于菜鸟平台的线上物流服务商、菜鸟无忧物流或其他的线下物流方式。但向部分国家发货平台有特殊规定的，卖家应按照该规定进行。无论卖家选择线上还是线下的物流服务，卖家均应向买家准确、全面地披露物流服务的相关信息，包括但不限于卖家向买家收取的物流服务费，卖家指定的线下物流服务提供商向买家额外收取的物流费用（如物流服务费、关税、增值税）等。如果卖家未按前述规定向买家准确披露物流服务的相关信息且买家提起纠纷，那么买家有权撤销交易，且卖家应承担未如实告知部分的全部费用。如买家自行选择物流方式，卖家发货所选用的物流方式必须是买家所选择的相关物流方式。未经买家同意，不得无故更改物流方式。

此外，速卖通制定了《菜鸟商家违规行为治理规则》，适用范围为使用菜鸟提供各类供应链解决方案的所有速卖通平台商家。菜鸟将通过包括但不限于数据排查，商家 / 消费者投诉，第三方举报，行政管理部门的通报、通知，以及司法机关的法律文书等方式，综合获取商家违规行为的线索，并基于国家行政管理部门、司法机关的认定，基于合理事实，速卖通平台判定或者菜鸟判定等方式，确定商家行为是否存在违规情形。

商家违规行为分为严重违规行为和一般违规行为。

（1）严重违规行为。

严重违规行为是指严重违背菜鸟平台规则、协议或涉嫌违反相关国家 / 地区法律规定的行为，菜鸟将视情节严重程度采取要求商家整改、支付违约金、包裹退回 / 做相应处置、限制 / 暂时冻结商家获取特定菜鸟服务的权限（如创建物流服务订单等功能），乃至永久停止服务等措施（前述措施可单用或并用）。

（2）一般违规行为。

一般违规行为是指严重违规行为外的违规行为，菜鸟将视情节严重程度采取整改、要求支付违约金、包裹退回 / 做相应处置等措施。

菜鸟商家违规行为管理措施见表 2–5。

表 2-5　菜鸟商家违规行为管理措施

场景分类	违规情形	违规行为类型	违规定义	违规管理措施
商家资质	企业资质造假	严重违规行为	商家入驻速卖通平台/提供给菜鸟的企业证照、资质、身份信息造假的	停止服务
寄送禁限运商品	寄送限运商品	一般违规行为	商家寄送限运商品	因商家错误申报、菜鸟进行主动路由的包裹，菜鸟将向商家收取相应正确渠道的物流正向配送费，并按照每单6元收取订单处理费 订单处理费的费用项名称为"冲货处理附加费"，在首公里分拨中心出库时和正向配送费一同收取 商家若对于主动路由结果不认可，可通过线上在线发起申诉（申诉类型选择：费用类问题—运费问题—路由费用申诉。申诉材料：提供物流订单中包含的商品链接或商品ID，商品实物图片，对路由结果不认可的详细原因描述），申诉成功后可退回"冲货处理附加费"及路由前后的运费差价
	寄送禁运商品	严重违规行为	商家寄送禁运商品	1. 商家寄送禁运商品的，菜鸟有权依据相关法律法规及平台规则，对于包裹内商品，采取包括但不限于退回、通报相关政府部门、上交或做相应处置等在内的一系列措施，及要求商家承担因商家原因导致的菜鸟/物流商损失 2. 商家寄送的同一商品属于禁运品被查扣的，累计查扣次数每达5次的，即应向菜鸟支付违约金人民币500元（注：同一商品以同一商品ID下产生的订单包裹数计；如商家通过多个商品ID寄送高度相似的禁运品，亦视为同一商品） 3. 如商家违反以下任一禁运场景（包括但不仅限于以下场景），菜鸟将对商家/交易订单采取暂时冻结创建物流订单权限，乃至永久关闭创建物流订单权限、停止服务等处置措施 1）菜鸟通过数据、人工等方式判定，商家的交易订单商品属于禁运商品的 2）因商家运输禁运商品被海关等查处，对菜鸟造成负面影响的
寄送知识产权侵权商品	寄送知识产权侵权商品	严重违规行为	商家包裹侵犯第三方知识产权	菜鸟有权基于合理事实判定特定包裹内商品是否涉嫌侵犯第三方知识产权，并立即采取相应的处置措施，包括但不限于包裹退回、违约金的收取等。商家有权依据《菜鸟商家违规行为治理规则》第三条，对处置结果进行申诉 1. 对任何涉及可能侵犯第三方知识产权的包裹，菜鸟及其物流商有权拆包查验 2. 经菜鸟基于合理事实判定侵权，就每一侵犯第三方知识产权的包裹，菜鸟有权向商家收取违约金人民币50元 3. 对于包裹内商品，菜鸟有权依据相关法律法规及平台规则，采取包括但不限于退回、通报相关政府部门、上交或做相应处置等在内的一系列措施 4. 如商家违反以下任一场景（包括但不仅限于以下场景），菜鸟将对商家/交易订单采取暂时冻结创建物流订单权限，乃至永久关闭创建物流订单权限、停止服务等处置措施 1）菜鸟通过数据、人工等方式判定，商家的交易订单商品属于侵犯第三方知识产权的，包括但不限于无权利人授权、无充分/有效完整授权、超出授权范围 2）商家运输侵权商品被海关等监管机构查处，被权利人、消费者投诉，对菜鸟及其物流商造成负面影响的
违规商品关联物流订单处理	商家在速卖通平台的店铺/商品因禁限售、知识产权侵权被速卖通平台处罚的	严重违规行为	商家因为其在速卖通平台的店铺和/或发布的商品由于涉嫌禁限售、知识产权侵权等被处罚的	如商家使用菜鸟服务寄送的包裹包含的商品，其对应商品信息/商品链接或店铺整体由速卖通平台根据其规则，认定为违反了禁限售或知识产权侵权等规定，且被速卖通平台处罚的，菜鸟将有权依据速卖通平台判定违规商品/店铺的信息，对对应已生成交易订单但未创建的物流订单，采取关闭创建物流订单权限、停止服务等处置措施 商家的速卖通平台处罚记录可通过以下流程进行查看：商家后台→违规→我的处罚

2. 禁限售规则

禁售产品是指因涉嫌违法、违背社会道德或违背平台发展原则等原因，而禁止发布和交易的产品。限售产品是指信息发布前需要取得商品销售的前置审批、凭证经营或授权经营等许可证明，否则不允许发布的产品。

全球速卖通平台禁止发布任何含有或指向性描述禁限售信息，若存在任何违反行为，阿里巴巴有权依据《阿里巴巴速卖通的禁限售规则》进行处罚。用户不得通过任何方式规避禁售商品管理规定及公告规定的内容，否则可能将被加重处罚。

速卖通平台用户不得在阿里巴巴速卖通平台发布任何违反任何国家、地区及司法管辖区的法律规定或监管要求的商品。《全球速卖通违禁信息列表》是平台禁止发布或限制发布的部分信息列表，可做参考。速卖通平台有权根据法律规定、监管要求及平台自身规定对列表信息做增删和修改。同时，平台用户有义务确保自己发布的商品没有违反任何司法管辖区的要求。

违规处理方面，速卖通平台有权根据发布信息本身的违规情况及会员行为做加重处罚或减轻处罚的处理。

发布禁限售商品处罚措施见表2-6。

表2-6 发布禁限售商品处罚措施

处罚依据	行为类型	违规行为情节与频次	其他处罚
《阿里巴巴速卖通的禁限售规则》	发布禁限售商品	严重违规：48分/次（关闭账户）	1. 退回/删除违规信息 2. 若核查到订单中涉及禁限售商品，速卖通将关闭订单，如买家已付款，无论物流状况均全额退款给买家，卖家承担全部责任
		一般违规：0.5～6分/次（1天内累计不超过12分）	

知识产权一般侵权和禁限售违规将累计积分，积分累积到一定分值，将执行账号处罚。

知识产权一般侵权和禁限售违规处罚措施见表2-7。

表2-7 知识产权一般侵权和禁限售违规处罚措施

积分类型	扣分节点	处罚
知识产权禁限售违规	2分	严重警告
	6分	限制商品操作3天
	12分	冻结账号7天
	24分	冻结账号14天
	36分	冻结账号30天
	48分	关闭

3. 放款规则

速卖通根据卖家的综合经营情况来评估订单的放款时间。

（1）一般情况下，速卖通将在交易完成、买家无理由退货保护期届满后向卖家放款，即买家确认收货或系统自动确认收货加15个自然日后。

（2）速卖通根据系统对卖家经营情况和信用进行的综合评估（例如经营时长、好评率、拒付率、退款率等），可决定为部分订单进行交易结束前的提前垫资放款（提前放款）。提前放款的具体金额可以为订单的全部或部分，由速卖通根据综合评估单方面决定。卖家可随时向平台申请退出提前放款。

（3）如卖家账号清退或主动关闭，针对账号被清退、关闭前的交易，为保证消费者利益，平台在订单发货后 180 天放款。

（4）如速卖通依据法律法规、法院判决或命令、双方约定或合理判断，认为卖家存在欺诈、侵权、严重违反平台规则等行为时，速卖通有权视具体情况自行或指示支付宝延迟放款周期，并对订单款项进行处理，或冻结相关款项至相关依据消除。

4. 营销规则

卖家在速卖通平台的交易情况需满足一定的条件，才有权申请加入平台组织的促销活动。具体要求如下：

（1）有交易记录的卖家及商品需满足的条件。

1）店铺好评率 ≥ 92%。

2）店铺里商品的 DSR 描述分 ≥ 4.5。

3）店铺货不对版纠纷率 ≤ 8%。

4）店铺里商品的 5 天上网率 >80%。

5）商家不存在诚信经营方面的问题，不存在欺诈消费者或其他任何损害消费者权益的行为，不存在作弊、欺诈等方式以获取平台保护政策或其他权益的行为，或任何扰乱速卖通平台经营秩序的行为。

6）速卖通平台对特定促销活动设定的其他条件。

（2）无交易记录的卖家，由速卖通平台根据实际活动需求和商品特征制定具体卖家准入标准。

卖家在促销活动中，应该遵守国家法律、法规、政策及速卖通规则，不得发生涉嫌损害消费者、速卖通及任何第三方正当权益，或从事任何涉嫌违反相关法律法规的行为。若卖家在促销活动中发生违规行为，速卖通平台将根据违规情节，禁止或限制卖家参加平台各类活动，情节严重的，速卖通平台有权对卖家账号进行冻结、关闭或采取其他限制措施。各类违规行为处罚措施见表 2-8。

表 2-8　各类违规行为处罚措施

违规行为分类	违规行为定义	违规处罚措施
出售侵权商品	是指促销活动中，卖家出售假冒商品、盗版商品等违规的产品或其他侵权产品	取消当前活动参与权；根据速卖通相应规则进行处罚
违反促销承诺	是指卖家商品从参加报名活动开始到活动结束之前，要求退出促销活动，或者要求降低促销库存量、提高折扣、提高商品和物流价格、修改商品描述等行为	取消当前活动参与权；根据情节严重程度确定禁止参加促销活动 3～9 个月；根据速卖通相应规则进行处罚
提价销售	是指在买家下单后，卖家未经买家许可，单方面提高商品和物流价格的行为	取消当前活动参与权；根据情节严重程度确定禁止参加促销活动 3～9 个月；根据速卖通相应规则进行处罚
成交不卖	是指在买家下单后，卖家拒绝发货的行为	根据情节严重程度的情况，禁止参加促销活动 6 个月
强制搭售	是指卖家在促销活动中，单方面强制要求买家必须买下其他商品或服务，方可购买本促销商品的行为	禁止参加促销活动 12 个月；根据速卖通相应规则进行处罚
信用及销售炒作	是指卖家在促销活动中，通过虚构或隐瞒交易事实、规避或恶意利用平台规则等不正当方式，获取虚假的商品销量、店铺成交金额等不当利益的行为	取消当前活动参与权；根据情节严重程度的情况，禁止参加平台及店铺营销活动 3 个月
不正当谋利	是指卖家采用不正当手段谋取利益的行为，包括：向速卖通工作人员及 / 或其关联人士提供财物、消费、款待或商业机会等；会员通过其他手段向速卖通工作人员谋取不正当利益	根据不正当谋利的规则执行处罚，关闭商家店铺

模 块 实 训

实训目的 了解全球速卖通平台规则，掌握交易规则的要点，为后续开展跨境电商平台实训打下坚实的基础。

实训内容

（1）进入全球速卖通平台商家门户（https://sell.aliexpress.com）首页，在右上方的"经营支持"中，选择"基础规则"，如图 2-7 所示。

图 2-7 全球速卖通平台商家门户首页

（2）在打开的页面中，单击左侧栏目，分别了解基础规则、知识产权规则等内容，如图 2-8 所示。

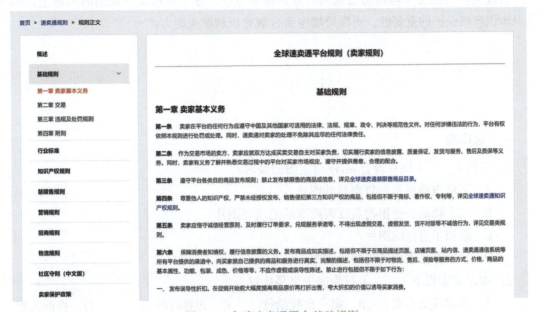

图 2-8 全球速卖通平台基础规则

以"知识产权规则"为例。单击"知识产权规则",进入"全球速卖通知识产权学习专区",从左侧选择不同的行业,对知识产权形成更为深入的认识。例如,选择"珠宝配饰行业",可查看"重点品牌及案例"和"行业预警",如图2-9所示。

图 2-9　全球速卖通知识产权学习专区

实训总结

通过实训,熟悉全球速卖通规则的资料检索方法。在了解速卖通规则的基础上,深入认识知识产权保护的重要性,提高跨境电商合规意识和职业能力。

课 内 测 试

一、选择题

1. 下列(　　)图片符合 eBay 对主图的要求。
   A. 不能准确展示待售商品的图片
   B. 二手物品、受损物品或瑕疵商品的预存图片
   C. 添加了边框的图片
   D. 呈现产品表面瑕疵的原创图

2. eBay 规定以下(　　)行为属于交易违规。
   A. 卖家成交不卖　　B. 卖家自我抬价　　　C. 刊登商品　　　　　D. 投诉买家

3．知识产权侵权行为包括（　　　）。

　　A．商标侵权　　　　　B．专利侵权　　　　　C．著作权侵权　　　　　D．原创图片

4．速卖通买家对卖家提供的（　　　）服务进行卖家服务质量评级。

　　A．物品描述准确性　　　　　　　　　B．沟通质量及回应速度

　　C．物品运送时间合理性　　　　　　　D．运费合理性

二、判断题

1．全球速卖通发布商品必须选择正确的类目，如商品存在多级子分类，需将商品发布在相对应的分类中。　　　　　　　　　　　　　　　　　　　　　　　　　　　（　　　）

2．eBay卖家刊登物品时无须在"物品所在地"栏如实填写物品寄出地点，发货时以货物实际寄出地点为准即可。　　　　　　　　　　　　　　　　　　　　　　　　　（　　　）

3．不同于传统实体店购物体验，消费者在网购时只能通过图片了解商品的外观及性能等基本信息，因此高品质的图片可以让消费者更好地了解商品，带来更好的购物体验。（　　　）

4．亚马逊主图的背景必须是纯白色。　　　　　　　　　　　　　　　　　　　（　　　）

5．非法使用他人的知识产权是违法的，并违反了eBay的规则。一旦确认侵权成立，eBay会从网站上移除侵权物品。　　　　　　　　　　　　　　　　　　　　　　　（　　　）

Moudle 3

模块三

跨境电商选品

学习目标

➤ **知识目标：**

◎ 熟悉商品质量的概念与基本要求、影响因素等。

◎ 熟悉 ACSI 顾客满意度模型。

◎ 熟悉速卖通、亚马逊、eBay 等平台选品规则。

◎ 熟悉常用选品数据分析工具。

➤ **技能目标：**

◎ 能分析并撰写产品质量分析报告。

◎ 能进行竞品、竞店数据分析。

◎ 能进行速卖通平台线上选品，并撰写报告。

◎ 能使用专业数据分析工具进行线上选品。

➤ **素养目标：**

◎ 了解中国生产制造借助跨境电商出海，对中国国际形象建设的积极意义。

模块导入

跨境电商升温　国货出海成"香饽饽"

面部护理套装、手机、休闲裤、扫地机器人……"双十一"期间，国货备受国内消费者青睐，而乘着跨境电商的东风，国货出海后也成为外国消费者的"香饽饽"。

"中国商品不仅物美价廉，产品设计也很出色，很多新产品都好用。"一位在社交平台上拥有超过500万粉丝的博主，多次通过社交账号向国内外粉丝推荐中国的国货。

杭州渔猎科技有限公司负责人时某自2012年就开始做跨境电商业务，销售鱼线、鱼饵、鱼竿等渔具。谈及为何国货被外国消费者喜爱，他认为商家类型更多元、品牌意识增强、产品创新提速等因素都助推国货被国外市场认可。

2021年"双十一"前期，速卖通上外国消费者访问量、购物车加购量快速增长。时某说，"现在'双十一'也是外国消费者的'剁手节'，近两年跨境网购变得方便，业务体量越来越大。"2020年，杭州渔猎科技有限公司的年销售额已突破1000万美元。

不仅如此，"双十一"也成为外国人囤圣诞礼物的购物季。据阿里巴巴集团统计，2021年11月1日至3日，圣诞树、圣诞礼物的销量同比增长51.91%。杭州海关工作人员表示，从出口情况来看，"双十一"预售期间，服装、饰品、小家电等商品，最受国外消费者喜爱。

国货出海的背后离不开物流企业的持续出海和建设，助力中国品牌、中国制造不断直接触达海外消费者。众多国内企业正持续加码全球物流基础设施建设。顺丰国际开通了包括中国至美洲、欧洲以及南亚和东南亚等地区在内的国际全货机航线30条；物流平台菜鸟启动了比利时列日eHub（智慧物流枢纽），服务进出口双向贸易；百世已在美国、日本、英国、法国等11个海外国家开展业务。

2021年跨境电商势头强劲。据海关总署统计，2021年上半年跨境电商进出口额达8867亿元，同比增长28.6%。其中，出口额为6036亿元，同比增长44.1%。

"出口跨境电商已成为我国外贸的重要支持力量，并正从外贸'新业态'成为外贸'新常态'。"添翼数字经济智库首席研究员胡某说，国货受到海外消费者的青睐，不仅体现出中国制造的工艺提升，更展现出带有中国文化内涵的商品被世界更多的消费者认可，是软硬综合实力的体现。

【思考题】

跨境电子商务已经成为中国经济产业结构的重要组成部分，随着中国制造业的不断优化升级，越来越多的国货布局海内外品牌化运营，受到国内外消费者的好评。你对国货品牌布局出海有什么创新的想法呢？

单元一　商　品　质　量

一、商品质量的含义与特征

商品质量是衡量商品使用价值的尺度。商品质量的概念有狭义和广义之分，狭义的商

商品质量
的含义与特征

品质量是指商品与其规定标准技术条件的符合程度，它是以国家或国际有关法规、商品标准或订购合同中的有关规定作为最低技术条件，是商品质量的最低要求和合格的依据。广义的商品质量是指商品适合其用途所需的各种特性的综合及其满足消费者需求的程度。它不仅是指商品的各种特性能够满足需要，而且包括价格实惠、交货准时、服务周到等内容。

随着全球经济的发展，无论是跨境电子商务进口还是跨境电子商务出口，消费者对商品质量的要求都在逐渐提升，从拥有此类商品到拥有优质商品，而不同消费者对商品质量的判定标准不一。商品质量本身也具有动态性，主要体现在以下几个方面。

1. 商品质量具有针对性

商品质量是针对一定使用条件和一定的用途而言的。各种商品均需在一定使用条件和范围内按设计要求或食用要求合理使用。若超出使用条件和范围，即使是优质商品也很难展现出它的实际功能，甚至会完全丧失其使用价值。

2. 商品质量具有相对性

对于使用同类商品（使用目的相同）的不同个体而言，商品质量是一个比较的范畴。对一般商品来说，可以通过简单的比较和观察来判定，而对某些商品而言则要有严格的质量指标规定。

3. 商品质量具有可变性

随着消费水平的提高和社会的发展，人们对商品质量也提出了新的要求。即使处在同一时期，若地点、地域、消费群体不同，人们对商品质量的要求也不一样。消费者职业、年龄、性别、经济条件、宗教信仰、文化修养、心理偏好等不同，对商品质量要求也不同。

在跨境电子商务中，尤其是出口业务，基于不同国家经济水平的不同消费者，其对商品质量的要求体现出巨大差异。

商品质量
的基本要求

二、商品质量的基本要求

商品质量的要求多种多样，是因为不同的使用目的（用途）会产生不同的使用要求（需要），即使对于同一用途的商品，不同的消费者也会提出不同的要求。商品质量的基本要求可以概括为适用性、商品寿命、可靠性、安全性、经济性、艺术性六个方面。

1. 适用性

适用性是指满足商品主要用途所必须具备的性能，是为实现预定使用目的或规定用途，商品所必须具备的各种性能（或功能）。适用性是构成商品使用价值的基础。

2. 商品寿命

商品寿命通常是指商品的使用寿命，有时也包括储存寿命。使用寿命是指工业品在规定的使用条件下，保持正常使用性能的工作总时间。

3. 可靠性

可靠性是指商品在规定条件下和规定时间内，完成规定功能的能力。它是与商品在使用过程中的稳定性和无故障性联系在一起的一种质量特性，是评价机电类商品质量的重要指标之一。可靠性通常包括耐久性、易维修性和设计可靠性。

（1）耐久性。耐久性是指日用工业品在使用时抵抗各种因素对其破坏的性能，它是评价高档耐用商品的一个重要质量特性。

（2）易维修性。易维修性是指商品在发生故障后能被迅速修好恢复其功能的能力。商品是否容易维修与商品设计有关，设计中应尽量采用组合式或组件式商品结构，所用零部件要标准化、通用化、系列化，以便拆卸更换，此外还应该容易通过仪表式专用检具迅速诊断出故障部位。

（3）设计可靠性。为了避免使用者在操作上的过失和在规定的环境以外使用等用法错误导致商品出故障的可能性，一方面要求提高商品的易操作度（易使用度），使人为过失的可能性尽量减少；另一方面即使因人为过失或环境改变引起了故障，也要把可能遭受的损害控制在最低限度。设计上这两方面的要求就是设计可靠性。

4. 安全性

安全性是指商品在储存和使用过程中对环境无污染，对人体无损害的能力。环境要求包括两个方面，一方面要求商品在生产、流通直至消费以及废弃阶段，均不致对社会和人类生存环境造成危害；另一方面要求提供能使商品正常发挥效用的环境条件，如规定的温度、电压等。

在跨境电商 B2C 出口业务中，北美市场对登山、攀岩、攀冰、骑行等户外运动产品的需求量大，此类产品关系到消费者使用过程中的人身安全，所以在选品过程中，要注意商品的质量描述。

5. 经济性

经济性是指商品的生产者、经营者、消费者都能用尽可能少的费用获得较高的商品质量，从而使企业获得最大的经济效益，消费者也会感到物美价廉。经济性反映了商品合理的寿命周期费用及商品质量的最佳水平。

6. 艺术性

艺术性是指商品符合时代审美特点，具有一定的艺术创造性。它已成为提高商品市场竞争能力的重要手段之一。

商品质量的各项基本要求，并不是独立的、静止的、绝对的，特别是对某种商品提出具体质量要求时，不仅要根据不同的用途进行具体分析，而且还必须与社会生产力的发展、国民经济水平以及人们的消费习惯相适应。

三、商品质量的分类

商品质量是一个综合性的概念，它受到商品本身及商品流通过程中诸因素的影响。从现代市场观念来看，商品质量是内在质量、外观质量、社会质量和经济质量等方面内容的综合体现。

1. 商品的内在质量

商品的内在质量是指商品在生产过程中形成的商品本身固有的特性，包括商品实用性能、可靠性、寿命、安全性与卫生性等。它构成商品的实际物质效用，是最基本的质量要素。

2. 商品的外观质量

商品的外观质量主要是指商品的外表形态，包括外观构造、质地、色彩、气味、手感、表面疵点和包装等，它已成为人们选择商品的重要依据。

3. 商品的社会质量

商品的社会质量是指商品满足全社会利益需要的程度，如是否违反社会道德，是否对环境造成污染，是否浪费有限资源和能源等。一种商品不管其技术如何进步，只要有碍于社会利益，就难以生存和发展。

4. 商品的经济质量

商品的经济质量是指人们按其真实的需要，希望以尽可能低的价格，获得尽可能具有优良性能的商品，并且在消费或使用中付出尽可能低的使用和维护成本，即物美价廉的统一程度。

商品的内在质量是由商品本身的自然属性决定的；外观质量、社会质量和经济质量则是由商品的社会效应来决定的，它受到诸多社会因素的影响。

四、商品质量的影响因素

商品质量是商品生产、流通和消费全过程中诸多因素共同影响的产物。从质量形成的过程来看，影响和决定商品质量的因素是多方面的，商品的来源不同，影响质量的因素也不完全相同。

1. 原材料对商品质量的影响

原材料是构成商品最原始的物质，在其他条件相同的情况下，原材料对商品的质量起着决定性的作用。因此在分析商品质量时，必须对原材料的质量进行分析。

2. 生产过程对商品质量的影响

在商品的生产过程中，产品设计与试制、生产工艺、商品检验、生产人员的素质和能力等都会对商品的质量产生影响。

3. 流通过程对商品质量的影响

流通过程是指商品离开生产过程进入消费过程前的整个区间。商品在流通过程中受到各种外界因素的影响，会发生商品质量下降的现象。商品学在研究影响商品质量的因素时，就对商品在流通中的包装、运输、储存和销售服务进行全面的研究，以降低损耗，保护质量。

大部分跨境电子商务商品需要经过长时间的跨境运输，在运输、储存过程中，商品质量需要谨慎对待。

4. 销售服务对商品质量的影响

商品在销售服务过程中的进货验收、入库短期存放、商品存列、提货搬运、装配调试、包装服务、送货服务、技术咨询、维修和退换服务等项工作质量都是最终影响消费者所购商品质量的因素，商品良好的售前、售中、售后服务已逐渐被消费者视为商品质量的重要组成部分。

随着科技的发展，世界上很多国家的网络基础设施建设愈加完善，越来越多的中国卖家进行跨境电商直播，来进行更好的商品介绍，进一步提升销售过程中的消费体验。

5. 消费过程对商品质量的影响

在消费过程中，顾客的消费习惯，比如使用范围和条件、使用方法和维护保养、废弃处理等因素严重影响商品质量，不恰当的使用方法会导致商品功能降低或者使用寿命缩短等问题，比如在零下 30 摄氏度以下的超低温环境手机有可能无法正常使用。

6. 社会伦理道德对商品质量的影响

质量意识属于思想范畴，涉及人的职业道德、思想道德、精神风貌和知识修养等思想因素，所以，开展精神文明建设，发扬爱国主义精神，对工作精益求精和对人民负责的精神，是增强质量意识的重要环节。此外，加强质量法制建设也是增强质量意识必不可少的环节。

五、商品质量与消费者忠诚

ACSI（American Customer Satisfaction Index）是科罗思咨询集团的创始人兼董事长费耐尔（Fornell）等人在瑞典顾客满意指数模式（SCSB）的基础上创建的顾客满意度指数模型。该模型科学地利用顾客的消费认知过程，将总体满意度置于一个相互影响、相互关联的因果互动系统中，可解释消费经过与整体满意度之间的关系，并能指示出满意度高低将带来的后果，从而赋予整体满意度前向预期的特性。

该模型共有六个结构变量，如图 3-1 所示，顾客满意度是最终所求的目标变量，顾客预期、感知质量和感知价值是顾客满意度的原因变量，顾客投诉和顾客忠诚则是顾客满意度的结果变量。模型中六个结构变量的选取以顾客行为理论为基础，每个结构变量又包含一个或多个观测变量，而观测变量则通过实际调查收集数据得到。

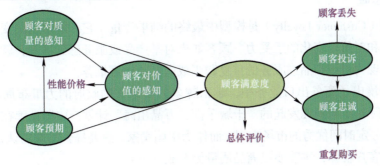

图 3-1　顾客满意度指数模型

1. 顾客预期

顾客预期（Customer Expectations）是指顾客在购买和使用某种产品或服务之前对其质量的估计。决定顾客预期的观测变量有三个：产品顾客化（产品符合个人特定需求程度）预期、产品可靠性预期和对产品质量的总体预期。

2. 感知质量

感知质量（Perceived Quality），即顾客对质量的感知，是指顾客在使用产品或服务后对其质量的实际感受，包括对产品顾客化（符合个人特定需求程度）的感受、产品可靠性的感受和对产品质量总体的感受。

3. 感知价值

感知价值（Perceived Value），即顾客对价值的感知，体现了顾客在综合产品或服务的质量和价格以后对他们所得利益的主观感受；感知价值的观测变量有两个，即："给定价格条件下对质量的感受"和"给定质量条件下对价格的感受"。顾客在给定价格条件下对质量的感受，是指顾客以得到某种产品或服务所支付的价格为基准，通过评价该产品或服务质量的高低来判断其感知价值。顾客在给定质量条件下对价格的感受，是指顾客以得到某种产品或服务所阐明的质量为基准，通过评价该产品或服务价格的适宜程度来判断其感知价值。

4. 顾客满意度

顾客满意度（Customer Satisfaction）这个结构变量是通过计量经济学变换最终得到的顾客满意度指数。ACSI 模型在构造顾客满意度时选择了三个观测变量：实际感受同预期质量的差距、实际感受同理想产品的差距和总体满意程度。顾客满意度主要取决于顾客实际感受同预期质量的比较。同时，顾客的实际感受同顾客心目中理想产品的比较也影响顾客满意度，差距越小顾客满意度水平就越高。

5. 顾客投诉

决定顾客投诉（Customer Complaints）这个结构变量的观测变量只有一个，即顾客的正式或非正式投诉。通过统计顾客正式或非正式投诉的次数可以得到顾客投诉这一结构变量的数值。

6. 顾客忠诚

顾客忠诚（Customer Loyalty）是模型中最终的结果变量。它有两个观测变量：顾客重复购买的可能性和对价格变化的承受力。顾客如果对某产品或服务感到满意，就会产生一定程度的忠诚，表现为对该产品或服务的重复购买或向其他顾客推荐。

在中国跨境电子商务出口业务中，越来越多的卖家借助政府的力量布局品牌出海，比如阿里巴巴国际站定向浙江发起的"十城千商，万品出海"计划。中国品牌在国际市场地位的提升，需要一定时间优秀的市场表现。而作为中国卖家，想要提升品牌的认知度、美誉度，形成品牌忠诚客户群体，则需要以商品质量为基础。

▶ **小贴士**

阿里巴巴国际站定向浙江发起"十城千商，万品出海"计划

阿里巴巴国际站基于新用户、新供给、新服务的平台升级战略，以数字驱动、数字营销、数字出海，通过全球优质供给、高效匹配及跨境贸易数字基建通路搭建，定向浙江产地发起"十城千商，万品出海"计划。"十城千商，万品出海"计划瞄准全球优质供给匹配，希望以浙江市场为样板，通过阿里巴巴国际站红蓝海模型分析，帮助浙江产业带数字化转型升级，助力浙江产地符合优质供给的商家更好地数字化出海。

2020 年 9 月 15 日，"品牌出海 B100 计划"——暨浙江大区品牌出海战略规划会在杭州举行。此次会议上，阿里巴巴国际站浙江大区携手生态发布"品牌出海 B100 计划"，将定向扶持浙江 100 家行业龙头企业，帮助浙江龙头企业加速数字化转型和升级，实现品牌出海，跃升阿里巴巴国际站全球类目行业品牌前三位。

阿里巴巴国际站数据显示，2020 年受疫情影响，线下展会纷纷取消，海外买家消费线上化需求日渐增加。

阿里巴巴国际站浙江大区总经理表示，此次"品牌出海 B100 计划"，阿里巴巴国际站浙江大区将重点围绕传播矩阵、网站侧、品牌营销、运营侧"出海四部曲"来助力 100 家龙头企业发展。

单元二　跨境电商平台商品规则

卖家在充分调研跨境电商平台的基础上，选择适合自身产品的平台进行销售。选择平台之后，根据平台具体要求进行店铺注册，跨境电商平台对可上架销售的商品有一定的要求与规定。下面以亚马逊平台与全球速卖通为例，介绍跨境电子商务平台商品规则。

一、亚马逊商品规则

亚马逊对卖家开放的品类达 20 多种，销售这些品类的商品无须获得亚马逊的事先审批。销售某些特定品类的商品需要得到亚马逊的事先审批，只有注册专业销售计划的卖家才可以出售这些品类的商品。亚马逊限制这些品类的销售，以确保卖家的商品满足质量要求、上线标准以及品类的其他特殊要求。这些标准有助于提升顾客从亚马逊购买商品的信心。亚马逊商品规则（节选）见表 3-1。其中亚马逊 Kindle、婴儿产品（不含服装）、美妆、相机和摄影、服装和配饰、电子产品等品类不需要审批；而亚马逊设备配件，汽车和户外动力设备等需要审批。

表 3-1　亚马逊商品规则（节选）

商品分类	商品类型	允许条件	是否需要审批
亚马逊设备配件	亚马逊设备配件	新品、翻新、二手	需要审批
亚马逊 Kindle	Kindle 设备配件	仅二手	否
服装和配饰	外套、运动服、内搭、皮带、皮夹	仅新品	否
电子产品（配件）	音频、视频、相机、照片、手机、汽车电子、计算机和办公产品	新品、翻新、二手	否，但特定产品需要
电子产品（消费类）	电视机、CD 播放器、汽车音响、GPS	新品、翻新、二手	否，但特定产品需要

此处以"服装和配饰"品类为例，介绍商品图片上传标准。所有服装和配饰商品必须是新品，不允许销售任何二手商品。所有商品必须是真品，不允许任何假冒、复制或仿制的商品。商品图片必须符合上传标准。

1. 要求

（1）如有不同颜色，每个颜色必须包括一个显示该颜色的"子 SKU 主图片"。

（2）上传的图片大小单边至少大于 1001PX，以支持缩放功能。

（3）所有图片都应进行相应裁剪，以优化顾客评估商品的能力。

（4）图片不应该有可见的水印或文本。

（5）图片背景必须是白色的，且是高品质的，真正代表所出售的商品。

（6）主图片必须是单一的商品，无堆叠或包含多件商品。

（7）主图和子图片必须是标准或平坦的。

（8）备用图片可使用不同的角度或视角、色板等，但必须使用相同的图片质量和尺寸。

（9）卖家负责他们全部上传图片的质量，即使卖家从外部获取图片。

2. 禁止

（1）图片上有品牌标签或包装。

（2）二手或较新二手商品的图片。

（3）边框、水印、文字或其他装饰。

（4）草图或数字描绘的商品图片。

（5）人体模型模特图片。

（6）彩色背景或生活图片。

（7）不属于商品列表的其他商品、物品或配件。

（8）图片预留位置（如"临时图像"或"无可用的图片"）。

（9）商品评级的图片。

（10）宣传文字，如"热销"或"免邮"（可用管理营销工具代替）。

（11）尺寸图表，送货区域范围地图或任何与商品不相关的图形。

卖家在亚马逊平台销售产品前，必须仔细阅读相关品类的规则，以免违规被平台处罚，具体规则可查阅亚马逊卖家平台。

例如，查询亚马逊平台北美站点对于"箱包和旅行用品"品类的要求。

（1）登录亚马逊中国站 www.amazon.cn，如图 3-2 所示。

（2）选择导航中的"全球开店"，单击"我要开店""开店前准备"，如图 3-3 所示。

图 3-2　亚马逊中国站　　　　　　　　　　图 3-3　亚马逊卖家页面

（3）在可销售品类中，选择具体站点进行查看，如图 3-4 所示。

可销售品类

亚马逊对卖家开放的品类达20多种，销售这些品类的商品无需获得亚马逊的事先审批。销售某些特定品类的商品需要得到亚马逊的事先审批，只有注册专业销售计划的卖家才可以出售这些品类的商品。亚马逊限制这些品类的销售，以确保卖家的商品满足质量要求、上线标准以及品类的其他特殊要求。这些标准有助于提升顾客从亚马逊购买商品的信心。

查看北美站、欧洲站、日本站可销售品类详情

图 3-4　亚马逊可销售品类

二、全球速卖通商品规则

全球速卖通作为阿里巴巴集团的跨境电子商务 B2C 出口网站，在 2017 年为引导平台产品质量提升、有序竞争，下架所有个人卖家，被称为"国际版天猫"。为提升全球速卖通平台整体质量与竞争力，全球速卖通对可销售商品提出了明确、清晰的要求，同时也详细规定了禁限售商品与处罚策略。

1.　全球速卖通商品行业规则

全球速卖通要求商家应保证其出售的商品在进口国法律规定的合理期限内可以正常使用，包括商品不存在危及人身财产安全的不合理危险、具备商品应当具备的使用性能、符合商品或其包装上注明采用的标准等。商品如实描述及对其所售商品质量承担保证责任是卖家的基本义务。"商品如实描述"是指卖家在商品描述页面、店铺页面等所有全球速卖通提供的渠道中，应当对商品的基本属性、成色、瑕疵等必须说明的信息进行真实、完整的描述。

举例：服装服饰——羽绒／真皮／皮草服饰要求，如图 3-5 所示。

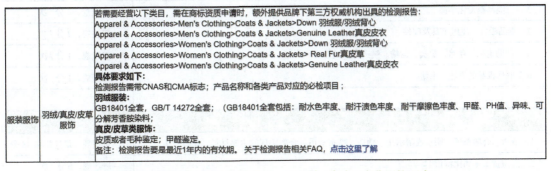

图 3-5　全球速卖通服装服饰——羽绒／真皮／皮草服饰要求

2.　全球速卖通知识产权规则

全球速卖通平台严禁用户未经授权发布、销售涉嫌侵犯第三方知识产权的商品或发布涉嫌侵犯第三方知识产权的信息。若卖家发布涉嫌侵犯第三方知识产权的信息，或销售涉嫌侵犯第三方知识产权的商品，则有可能被知识产权所有人或者买家投诉，平台也会随机对店铺信息、商品（包含下架商品）信息、产品组名进行抽查，若涉嫌侵权，则信息、商品会被退回或删除。平台会根据侵权类型对相关卖家执行处罚。

全球速卖通建议卖家：

（1）尊重知识产权。卖家需要严格排查自己的在线及下架商品，若存在侵权行为，需立即将侵权商品删除。同时，严格把控进货来源，杜绝来源不明的产品，建议实拍图片，提高图片质量，让买家更直观地了解商品，获得更多订单。

（2）发展有品质的自营品牌。如果商品有品质，注册自有品牌，跟平台一起扩大自营品牌影响力，让自己的品牌商品出海，不断增加附加值。

（3）完成品牌准入流程。完成品牌准入再发布品牌商品，不要发布未获得发布权限的品牌商品。

（4）全球速卖通为卖家提供了品牌列表与实用查询工具，卖家可提前查询，避免无意间侵权。

具体规则可查看全球速卖通卖家平台知识产权专区。

国际社会知识产权意识较高，卖家在选择产品时，需慎重查看产品品牌、专利等相关信息与授权范围，避免侵权。

3. 全球速卖通禁限售违禁信息

全球速卖通平台禁止发布任何含有或指向性描述禁限售信息。任何违反全球速卖通禁限售违禁规则的行为，平台依据《阿里巴巴速卖通的禁限售规则》进行处罚。平台强调用户不得通过任何方式规避此规定、平台发布的其他禁售商品管理规定及公告规定的内容，否则可能将被加重处罚。更多信息可查看全球速卖通卖家平台规则板块。全球速卖通禁限售违禁信息列表（节选）见表3-2。

表3-2　全球速卖通禁限售违禁信息列表（节选）

（一）毒品、易制毒化学品及毒品工具	
1．麻醉镇定类、精神药品、天然类毒品、合成类毒品、一类易制毒化学品	严重违规，最高扣除48分
2．二类易制毒化学品、类固醇	一般违规，6分／次
3．三类易制毒化学品	一般违规，2分／次
4．毒品吸食、注射工具及配件	一般违规，2分／次
5．帮助走私、存储、贩卖、运输、制造毒品的工具	一般违规，1分／次
6．制作毒品的方法、书籍	一般违规，1分／次
……	
（十一）收藏	
1．货币、金融票证、明示或暗示用于伪造、变造货币、金融票证的主要材料、工具及方法	严重违规，最高扣除48分
2．虚拟货币（如比特币）	一般违规，6分／次
3．金、银和其他贵重金属	一般违规，2分／次
4．国家保护的文物、化石及其他藏品	一般违规，2分／次

单元三　跨境电商选品策略

跨境电子商务选品需要商家基于对产品、市场与消费者的充分认知与了解，结合线上、线下资源，充分利用数据分析工具，调整产品线宽度、深度，体现商品优势与特色，为下一步视觉营销与运营推广提供有力支撑。

一、分类与品类

1. 分类

商品分类是指根据一定的管理目的，为满足商品生产、流通、消费活动的全部或部分需要，将管理范围内的商品集合总体，以所选择的适当的商品基本特征作为分类标志，逐次归纳为若干个范围更小、特质更趋一致的子集合体（类目），例如大类、中类、小类、细类，直至品种、细目等，从而使该范围内所有商品得以明确区分与体系化的过程。商品分类依据是分类的基础。商品的用途、原材料、生产方法、化学成分、使用状态等是这些商品最本质的属性和特征，是商品分类中最常用的分类依据。

分类的意义体现在：

（1）商品科学分类有助于国民经济各部门的各项管理的实施。

（2）商品分类有助于商业经营管理。

（3）商品分类是实行现代化管理的前提。

（4）商品分类有利于了解商品特性。

（5）商品分类有助于提高商品学的教学和科研工作水平。

2. 品类

品类的结构包括次品类、大分类、中分类、小分类等。按照国际知名的 AC 尼尔森调查公司的定义，品类即"确定什么产品组成小组和类别，与消费者的感知有关，应基于对消费者需求驱动和购买行为的理解"，而家乐福则认为"品类即商品的分类，一个小分类就代表了一种消费者的需求"。还有一种理解就是，品类即商品种类。一个品类是指在顾客眼中一组相关联的和（或）可相互替代的商品和（或）服务。

研究商品分类、品类与市场调研、消费者需求等密不可分，有利于拓宽产品线的宽度、深度与关联度。产品组合的宽度、长度、深度和关联性在市场营销战略上具有重要意义。

（1）增加产品组合的宽度，即增加产品大类，扩大经营范围，甚至跨行业经营，实行多元化经营，可以充分发挥企业的特长，使企业尤其是大企业的资源、技术得到充分利用，提高经营效益；此外，实行多元化经营还可以减少风险。

（2）增加产品组合的长度和深度，即增加产品项目，增加产品的花色、式样、规格，可以迎合广大消费者的不同需要和爱好，以招徕、吸引更多顾客。

（3）增加产品组合的关联性，即使各个产品大类在最终使用、生产条件、分销渠道等各方面密切相关，可以提高企业在某一地区、行业的声誉。

所以在选品时，应考虑产品线的宽度和深度。

（1）宽度方面。

1）充分研究该类别，拓展品类开发的维度，全面满足用户对该类别产品的不同方面的需求，在拓展品类宽度的同时，提升品类的专业度。

2）考虑该品类与其他品类之间的关联性，提高关联销售度和订单产品数。

（2）深度方面。

1）每个子类的产品数量要有规模，品类要足够丰富。

2）产品要有梯度，体现在价格、品类、质量等方面。

3）挖掘有品牌的产品进行合作，提高品类的口碑和知名度。

4）对目标市场进行细分研究，开发针对每个目标市场的产品。

二、红海与蓝海

现存的市场由两种"海洋"所组成：红海和蓝海。"红海战略"和"蓝海战略"的六个区别如图 3-6 所示。

红海战略	蓝海战略
靠大量生产、降价竞争来生存	追求差异化，创造出"无人竞争"的市场
利用现有需求	开创和掌握新的需求
过度依赖技术创新或科技研发	强调价值的重新塑造和包装，化腐朽为神奇
在现有市场空间中竞争	不与竞争者竞争
致力于解决竞争	把竞争变得毫无意义
只能满足客户现在的需要	不断探索客户潜在需求

图 3-6 "红海战略"和"蓝海战略"六个区别

红海代表现今存在的所有产业，也就是我们已知的市场空间；蓝海则代表当今还不存在的产业，这就是未知的市场空间。在红海中，每个产业的界限和竞争规则为人们所知。随着市场空间越来越拥挤，利润和增长的前景也就越来越黯淡。与之相对的是，蓝海代表着亟待开发的市场空间，代表着创造新需求，代表着高利润增长的机会。尽管有些蓝海完全是在已有产业边界以外创建的，但大多数蓝海则是通过在红海内部扩展已有产业边界而开拓出来的。

红海与蓝海市场的判定在跨境电子商务选品时尤为重要。大多数跨境电商主流平台的后台数据分析指标一般都包括"竞争指数"。一般来说，竞争指数＝在售商品数／买家需求，所以竞争指数越小越好，但是不能一味或者盲目遵从数据。比如竞争指数在 400% 的连衣裙行业，其异质性非常高、市场规模巨大且市场需求旺盛，虽然竞争指数非常高，但仍然建议进入。

在判断意向行业是红海还是蓝海的基础上，参考数据分析的结果，需要结合自身资源、品类特点等，分析是否可以进入该市场。

三、选品方式

选品方式

跨境电子商务选品除市场需求外，还需要考虑诸多因素，如货源稳定性、长途运输可能性、物流成本、仓储与养护等。跨境电子商务商家可以从以下几个方面建设稳定的货源渠道。

1. 自有工厂、品牌

中国跨境电子商务的兴起是自南到北，以广州为代表的南方卖家有多年的 3C、服装等产品生产经验，具备适应国际市场的生产标准与生产技术。很多传统制造商、国际贸易 OEM 工厂具备成熟的生产经验、管理模式，尤其是国际贸易 OEM 工厂具有多年外贸生产经验，较为熟悉国际市场。转型跨境电子商务可以建设自有品牌，优点是供货有保障、货源质量易把控、售后及时、反馈方便、改革更新更加畅通，缺点是需要面临一段时期的库存不稳定等一系列问题，且有经营风险。

2. 与现有实体厂商合作

可寻求线下有优势的实体厂商进行合作,优点是产品质量可控、不必承担库存风险等,缺点是供应链稳定性、库存水平、合作方式等需处理。部分跨境电子商务卖家有效解决了短板问题,并催生了自己的品牌,多为贴牌生产。

3. 线上一件代发

从阿里巴巴国内站等平台选品,使用一件代发已经成为很多商家或者个人创业的实验模式,优点是没有库存的压力、复杂的组织管理、物流发货等问题,缺点是商品质量、供应链稳定性等不可控。阿里巴巴国内站产品丰富,其中 3C 电子产品、服装与运动户外等品类畅销海外。

按照卖家选品的主动性来分,选品可以分为主动选品和被动选品。

1. 主动选品

主动选品是对市场、产品具有丰富经验的卖家常用的选品方式,同时也是能反映出卖家对市场把握度的一种选品方式。主动选品是指卖家充分了解某个行业,对行业的需求与供给、产品线的宽度与深度、产品研发与更新换代、产品的物流与售后问题等都有丰富经验与深刻认知,能做到积极、主动更新产品,引导消费。

2. 被动选品

被动选品是研究市场上热销品类进行跟卖的行为。产品创新、研发能力不足、供应商资源较弱势的卖家,可以进行被动选品。如果卖家选择被动选品,在挖掘到热销产品之后,建议使用多种渠道筛选优质供应商,使用供应商提供的素材包或者自行购买样品进行拍摄、信息撰写等,完成产品信息化操作。在此过程中,务必要注意知识产权问题,不要侵权。

被动选品可以使用国内供应商网站较为热销的产品,也可以查看意向销售网站的市场数据。在研发能力、产能不足的情况下,可将主动选品与被动选品二者结合使用。

学习园地

天津新港海关截获 48 900 个侵权儿童背包

天津新港海关先后查获两批次共计 48 900 个涉嫌侵权儿童背包,如图 3-7 所示。两批货物均已依申请中止放行,并交后续环节处置。

图 3-7 关员对涉嫌侵权儿童背包进行查验

　　当天，现场关员在对某公司申报出口的两批"背包"实施人工查验时发现，实货上印有大量卡通图案及标识。经联系相关知识产权权利人确认，上述背包涉嫌侵权，权利人遂向海关申请知识产权海关保护。天津新港海关依据《中华人民共和国知识产权海关保护条例》相关规定启动知识产权海关保护程序。

　　近年来，天津海关结合儿童消费品侵权典型案例"以案说法"，提升现场查验关员监管能力。同时，将儿童消费品列为侵权高风险商品，与风险布控及后续处置环节联动配合、同向发力，有效提升打击精准度。

　　在此举例说明 1688 跨境专供的"找爆款"功能的使用方法。

　　（1）打开 1688 跨境专供网站首页，如图 3-8 所示。

图 3-8　1688 跨境专供网站首页

　　（2）单击跨境专供左侧功能菜单栏"排行榜单"，如图 3-9 所示。

图 3-9　1688 跨境专供"排行榜单"

（3）在新页面左侧导航，单击"跨境热销榜"，选择意向一级类目、二级类目，如图 3-10 所示。

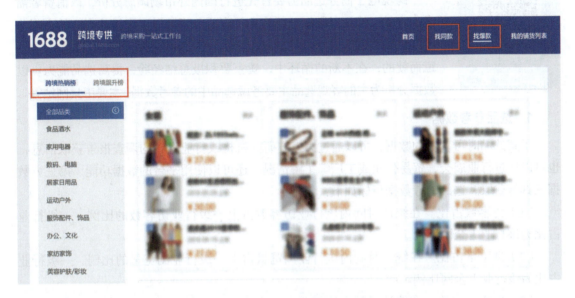

图 3-10　1688 跨境热销榜单

（4）选择具体产品，单击"一键铺货"。一键铺货过来的产品，务必要进行产品主图、标题、详情页等内容的再加工，在产品信息中不要出现侵权等现象，如图 3-11 所示。

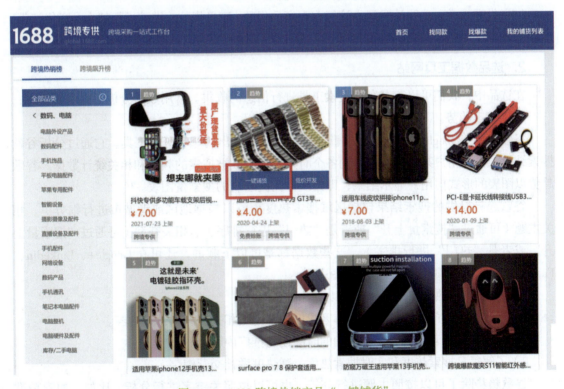

图 3-11　1688 跨境热销产品"一键铺货"

选品方法

四、选品方法

　　跨境电子商务选品需要首先进行国内外市场调研分析，以消费者需求为主导，使用以数据分析为主的客观分析与以卖家经验为主的主观分析相结合的选品方法，尽量做出全面性的选品决策。而选品工作不是一蹴而就的，在不断的循环中，卖家要积极总结经验，提高选品能力。以数据分析为主的客观选品主要考虑选品中的参考数据、主要工具网站等。

1. 选品参考数据

　　了解选品时可参考的数据，可以通过第三方研究机构或行业发布的调查报告获取信息，也可以通过行业展会、贸易公司或工厂等了解情况，还可以使用平台的数据功能、第三方数据工具等获取。选品参考数据指标如下：

　　（1）访客数占比。在统计时间内该行业访客数占上一级行业访客数的比例。一级行业占比为该行业占全网比例。

　　（2）浏览量占比。在统计时间内该行业浏览量占上一级行业浏览量的比例。一级行业占比为该行业占全网比例。

　　（3）成交额占比。在统计时间内该行业支付成功金额占上一级行业支付成功金额的比例。一级行业占比为该行业占全网比例。

　　（4）成交订单数占比。在统计时间内该行业支付成功订单数占上一级行业支付成功订单数的比例。一级行业占比为该行业占全网比例。

　　（5）供需指数。在统计时间内该行业中商品指数/流量指数。供需指数越小，竞争越小。但是并不意味着供需指数小的商品就一定容易成为热销款。

2. 选品数据工具网站

　　在选品中，我们可以充分利用搜索工具进行信息的收集。常用数据分析工具举例如下：

　　（1）谷歌趋势。

　　谷歌趋势（Google Trends）是谷歌基于搜索数据推出的一款分析工具。它通过分析谷歌搜索结果，告诉用户某一搜索关键词各个时期下在谷歌被搜索的频率和相关统计数据。谷歌趋势以图表的形式向用户显示结果，即按线性比例绘制的搜索量图表。

　　谷歌趋势提供的搜索结果包括区域搜索热度（可以根据地区或者城市进行细分）、相关主题（可通过"搜索量上升"或者是"热门"进行排序）、相关查询（可通过"搜索量上升"或者是"热门"进行排序）。这些数据都是可以下载的，还可在 Google+、Linkedin、Facebook、Twitter 等社交平台上分享图表。

　　使用谷歌趋势热搜字词可以实现以下几个功能：

　　1）通过产品热门搜索话题，了解客户需求，定制相关网站、营销内容。

　　2）确定季节性营销趋势，在正确的时间创建推广内容。

　　3）了解每日搜索热度和实时搜索热度，蹭热度做社交营销。

　　谷歌趋势除了可以按照主题进行分析，也可以按照关键字进行分析。比如，搜索精准的关键词：Christmas lights 和 Christmas led lights。

从图 3-12 中可以看到随着时间的变化这两个关键词被搜索的趋势。很明显,从 11 月底到 12 月初,这两个关键词达到了搜索的巅峰,由此可知美国人是在这个时间段购买圣诞彩灯,而不是等到圣诞节即将到来。

商家就可以知道什么时候开始准备产品、上架、运营、广告,以及最重要的关键词应该用哪个,而不是看到别人销量上来之后再急急忙忙地准备商品。

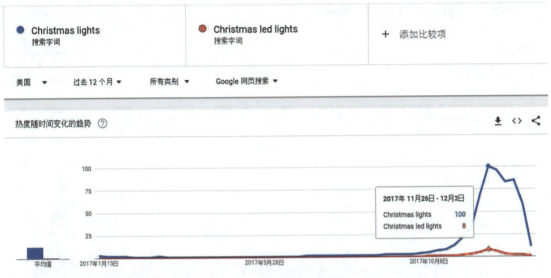

图 3-12　谷歌趋势搜索结果

通过谷歌趋势搜索结果图,我们可以看到产品的热度是在上升还是下降。如果是上升,就要及时关注;如果上升趋势还不太明显,可以再跟踪一到两周。除了关注谷歌趋势,还需要去亚马逊搜索,关注搜索结果的增幅及下降。

如果搜索量持续上涨,证明热度在上升,还可以到阿里巴巴去看看搜索结果,关注该产品的页数以及 30 天成交数及金额来确定市场容量。

(2)Terapeak。

eBay 在 2017 年收购了 Terapeak,并将其收录到卖家中心,实现产品研究功能的免费使用。eBay 卖家通过 Terapeak 可以访问有关多年来出售的数百万件物品的真实销售数据,包括:

1)特定物品的刊登和售出的数量。

2)平均售价。

3)售出物品的状况。

4)成交率。

5)平均运费以及提供包邮的物品刊登的数量。

6)卖家和买家所在地。

7)一段时间内的销售趋势。

8)未售出的库存。

9)卖家使用的刊登形式。

其中对于已售出的产品,Terapeak 查询结果为包含 8 个指标的摘要,显示所选时间范围的结果,如图 3-13 所示。

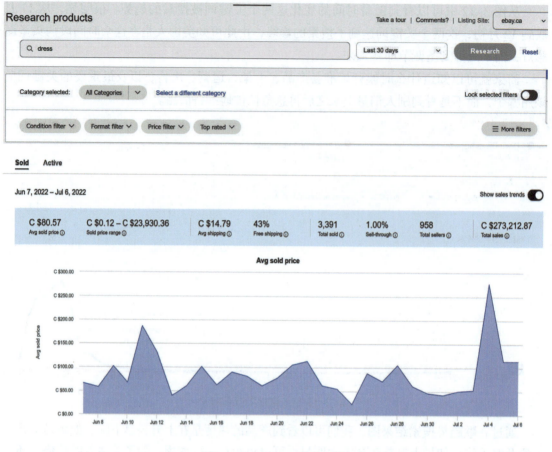

图 3-13　Terapeak 搜索结果

1）平均售价（Avg Sold Price）。单个在售产品（listing）的平均售价，不包括运输成本。如果搜索范围是某一品类，该数据可能无法明确表明产品能带来的利润。

2）售价范围（Sold Price Range）。产品的最低和最高销售价格。相比搜索整个品类，只查看某一特定产品时该指标更有价值。

3）平均运费（Avg Shipping）。买家为运输支付的平均金额，不包括免运费的在售产品。该指标可以很好地说明某个产品的运输成本。

4）免运费（Free Shipping）。免运费产品占全部已售产品的百分比。卖家可以据此考量是否需要提供免费配送服务，以提高某一产品或品类的竞争力。

5）销售总额（Total Sold）。指定时间段内售出的指定产品总数。虽然这不是一个与需求相关的衡量标准，但卖家可以结合"售出率"指标来衡量可能面临的竞争程度。

6）售出率（Sell-through）。指定时间内售出的同类产品的百分比，同时可以表明产品的周转率。请注意，在查看一年内的数据时，不会显示售出率。

7）卖家总数（Total Sellers）。在指定时间段内有发布类似产品的 eBay 卖家总数，说明产品销售所面临的竞争。

8）总销售额（Total Sales）。所有售出产品所得收入，可以显示该产品或类别在 eBay 上的市场规模。

除上述指标外，卖家还可以访问显示销售趋势的图表，以及每件在售产品的页面详细信息，如照片和关键词等。

（3）Jungle Scout。

Jungle Scout 是亚马逊产品调研工具，帮助亚马逊卖家快速分析产品排名和获取产品实时销量数据，精准跟卖和发现好卖的产品，为产品的取舍提供决策依据，判断产品是否值得卖，并且对产品发货的数量初步预估以便存货，确保更高利润、更大销量。

Jungle Scout 有 Web 版和插件版，Web 版可以更好地分析产品，同时对亚马逊数据也更容易把握，可以用任何设备登录查看，只需要一个账号即可快速分析和找到自己想要的产品。

Jungle Scout 搜索结果如图 3-14 所示。

	操作	产品名称	品牌	售价	月销量	预估日销量	月收入	Date First Available	毛利润	评论数
1	⊕ ◇	Champion Boys' Big Kids Script Tee	Champion	$8.88	2,010	67	$17,849	10/08/2013	$4.36	121
2	⊕ ◇	Pro Athlete Boy's Quick Dry Athletic Perf...	Pro Athlete	$15.99	390	13	$6,236	07/22/2019	--/	29
3	⊕ ◇	adidas Boys' Short Sleeve Logo Tee Shirt	adidas	$8.78	1,170	39	$10,273	02/13/2017	$14.59	161
4	⊕ ◇	Amazon Brand - Spotted Zebra Boys' Tod...	Spotted+Ze...	$11.71	2,100	70	$24,591	04/10/2019	$6.76	514
5	⊕ ◇	Simple Joys by Carter's Toddler Boys' 3-...	Simple+Joy...	$20.99	37	1	$777	01/22/2018	$14.65	205
6	⊕ ◇	Under Armour Boys' HeatGear Long Slee...	Under+Arm...	$21.08	1,200	40	$25,308	05/10/2018	$14.74	33
7	⊕ ◇	Simple Joys by Carter's Toddler Boys' 3-...	Simple+Joy...	$21.99	2,430	81	$53,436	09/07/2018	$15.5	199
8	⊕ ◇	Nike Boys Legend Long Sleeve Athletic T...	Nike	$17.63	1,470	49	$25,916	11/01/2017	$11.8	33
9	⊕ ◇	Champion Kids Clothes T-Shirt Boys Perf...	Champion	$12.99	1,860	62	$24,161	11/05/2019	$7.85	24

平均月销量 1,983 平均排名 75,220 平均价格 $14.60 平均评论数 312 机会分数 6 High Demand with Medium comp.

加载数据 1 - 94 加载更多数据

图 3-14 Jungle Scout 搜索结果

Jungle Scout 能够帮助卖家了解竞品的销售情况、竞争激烈程度、整体市场机会及潜力分数等。当用户在亚马逊平台上浏览时，不管是浏览产品页、关键词页、类别页或者排名页，Jungle Scout 插件均可以抓取时时信息，比如同类产品的销量、金额、销售历史数据等，从而去分析判断这款产品成为爆款的空间，排除一些需求低且竞争压力大的产品。

五、亚马逊平台选品策略

亚马逊在全球网站排名中位居前列，拥有自己的会员体系 Prime 和仓储物流体系 FBA。对比大部分跨境电商零售平台，亚马逊对卖家的要求较高。亚马逊注册可以采用企业身份和个人身份，但是个人身份卖家只可以选择跟卖，而无独立发布新产品的权限。亚马逊选品策略较为灵活，但是无论哪种策略，首先选择品牌产品是较为推荐的。

跨境电商零售行业发展时间较短，选品及销售策略灵活，以下几条策略可用于参考。

1. 商品价格介于 10 ~ 50 美元

商品售价非常重要，这个是买家在下订单前必定会看到并且考虑的因素。10 ~ 50 美元这个价格区间可以说是售价最佳区间，这个价格区间容易让买家产生冲动性购买的行为。如果商品价格在这个区间内，大部分的买家不需要再和另外的商品进行比价，就可以决定是否购买。

2. 商品重量要轻（最好可以低于 2 ~ 3 磅）

理想状况是商品的重量越轻越好，4 ~ 5 磅太重了，除非商品定价偏高。此处所说重量都是针对运送重量，并非商品本身的重量。运送重量包含了商品本身、商品包装和运送纸箱。一般在厂商提供资讯时，很难知道商品的实际运送重量是多少。所以在选品时，可以尝试在亚马逊上找相同尺寸类似商品，依照竞品的运送重量来估算自己的。

3. 商品大分类排名在 5 000 以内

亚马逊商品业绩表现可以参考畅销产品排行榜（Best Seller Rank，BSR）。

4. 确认该商品的类别或是利基没有大品牌或是国际品牌的商品

亚马逊平台较为看重品牌，如果是小卖家，没有足够的资金和人力，尽量避开被大品牌霸占的商品类别。没有大品牌竞争的商品和商品类别，可以减少竞争上的不利因素。

5. 商品坚固耐用，不容易破损或是变形

挑选不容易在运送过程中破损的商品是非常重要的选品要件。尽量避免多个部分组成的商品或是具有电子零件的商品，比如瑜伽垫或是鼠标垫由单一主体构成，这类商品也比较容易找到厂商制作生产。

6. 商品搜索第一页至少包含 2 ~ 3 个商品其商品评价是少于 50 个的

商品评价数量是影响排名的重要因素之一，所以在选品时，商品评价也是非常重要的选品条件之一。

7. 商品成本价最好可以低于商品售价的 25%

对于某些品类，亚马逊平台产品利润 75% 是必要且较为合理的。因为利润中包含 FBA 头程费用、关税、FBA 运费、FBA 仓储费、亚马逊平台抽佣费、增值税、站内广告费用，还有商家的利润，费用项目较多，75% 的利润并不夸张。如果成本不得已超过 25%，建议不要超过 40%。

模 块 实 训

实训目的 使用速卖通买家页面数据、卖家后台数据进行选品。

实训内容

根据品类要求，使用速卖通后台工具选择产品。

1. Categories 导航栏

打开速卖通平台首页，在左侧 Categories 导航栏中查找所需店铺的类目，把鼠标放在所选的

类目上即可查看各个二级类目的产品。单击意向类目，就会出现很多这个类目下卖得好的产品。

在"sort by"处，单击 Orders 可按销量对商品进行升序或降序排列；单击 Price 可按价格对商品进行升序或降序排列。

2. 生意参谋—选品专家—热销

生意参谋中的选品专家是速卖通选品的好助手，通过数据分析的形式帮助卖家进行速卖通选品。下面以"服装"类目下的二级类目"连衣裙"为例进行简要介绍。

打开速卖通后台，选择选品专家，单击"热销"，选择店铺的主营行业，选择国家和时间，查询结果如图 3-15 ～图 3-17 所示。

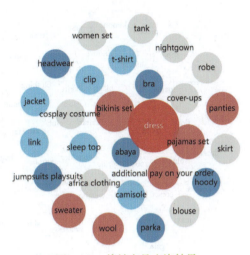

图 3-15　热销产品查询结果

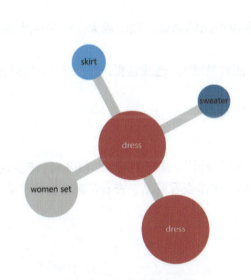

图 3-16　连衣裙关联产品

图 3-17　连衣裙热销属性图

（1）行业热销产品词。图中圈的大小代表该品类产品的销量：圈越大，代表该品类的销量越大，反之则越小；颜色代表产品的竞争度，越红说明该品类产品市场竞争越大，灰色竞争度居中，越蓝则代表该品类的竞争越小。

（2）行业关联产品。圆圈面积越大，说明产品销售量越大。连线越粗，说明买家同时关注度越高，即同时浏览、点击、购买的买家人数越多。颜色越红，说明竞争越激烈；颜色越蓝，说明竞争越小。

（3）行业热销属性。相同颜色代表同一类商品；圆圈面积越大，说明产品销售量越大。

3. 生意参谋—选品专家—热搜

热搜的入口和热销的入口基本一致，此处仍以"服装"类目下的二级类目"连衣裙"为例，选择自己的行业、国家和时间，查询结果如图 3-18 ～图 3-20 所示。

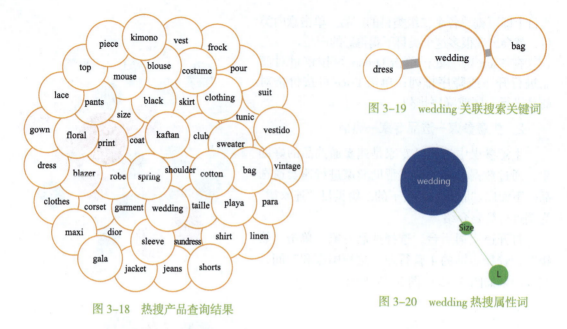

图 3-18　热搜产品查询结果

图 3-19　wedding 关联搜索关键词

图 3-20　wedding 热搜属性词

（1）行业热搜产品词。圆圈的大小代表该品类产品的销量，圆圈越大，代表该品类的销量越大，反之则越小。

（2）行业关联产品。圆圈面积越大，代表产品搜索量越大。连线越粗，表示搜索关键词 A，同时又搜索关键词 B 的买家越多。

（3）行业热搜属性。圆圈越大，代表搜索量越大。

4. 分析搜索词

打开后台生意参谋，选择"选词专家"—"关键词分析"，单击热搜词、飙升词、零少词，查看相关产品，也可下载原始数据表格，查看指标；单击查看商品，查看该词在售的产品，可以更好地了解市场，如图 3-21 所示。

图 3-21　选词专家

实训总结

通过实训，学会使用速卖通买家页面信息进行选品；熟练掌握速卖通数据分析工具——生意参谋的使用方法，并在熟练操作的基础上，完成意向品类的热搜、热销品类分析，形成产品数据分析报告，用于指导实际选品。

课 内 测 试

一、选择题

1. （　　　）是指商品适合其用途所需的各种特性的综合及其满足消费者需求的程度，是市场商品质量的反映。

  A．广义的商品特性   B．广义的商品质量

  C．商品特征   D．商品属性

2. 商品的（　　　）是指生产者、经营者、消费者都能用尽可能少的费用获得较高的商品质量，从而使企业获得最大的经济效益，消费者也会感到物美价廉。

  A．经济性   B．可靠性   C．艺术性   D．安全性

3. 以下属于亚马逊服装类禁止信息的是（　　　）。

  A．图片印刷LOGO   B．人体模特图片

  C．二手服装图片   D．水印主图

4. 以下属于红海特点的是（　　　）。

  A．致力于解决竞争   B．不断探索客户潜在需求

  C．开创和掌握新的需求   D．靠大量生产、降价竞争来生存

5. Terapeak 可提供的数据指标是（　　　）。

  A．平均售价   B．售价范围   C．销售总额   D．售出率

二、简答题

1. 商品质量的影响因素包括哪些？

2. 简述 ACSI 顾客满意模型。

3. 商品分类的意义包括哪些？

4. 如何理性选品？

Moudle 4

模块四

跨境电商视觉营销

学习目标

➥ **知识目标：**

◎ 熟悉跨境电商视觉营销的发展历程。

◎ 理解跨境电商视觉营销的基本概念。

◎ 掌握跨境电商视觉营销三大要素。

➥ **技能目标：**

◎ 能够认识到视觉营销的重要性。

◎ 能够将视觉营销运用在跨境电商的店铺装修中。

➥ **素养目标：**

◎ 注重设计的创造性和知识产权的保护意识教育，强调设计人员的职业道德和责任，倡导"遵法、守法、用法"的正确价值观。

模块导入

速卖通平台关于"主图牛皮癣"工具上线公告

2014 年 6 月，速卖通有一条关于"主图牛皮癣"工具上线的公告。"主图牛皮癣"是指商品主图中含有文字块，覆盖、干扰商品主体正常展示，影响买家体验。对"主图牛皮癣"产品，平台虽然不会进行搜索处罚，但它们也会影响产品的搜索表现，影响排名。平台为了更好地提升买家搜索购物体验，将会对搜索结果页的质量较差主图进行流量限制。与此同时，在亚马逊平台，所有不符合平台要求的图片都会被禁止显示，从这些公告信息中我们可以看出，平台对于视觉规范化已经开始有所行动，视觉营销战略已经成为影响平台店铺搜索结果的重要因素，因此我们同样也应该跟随平台步调，及时做出相应调整。

【思考题】

什么是视觉营销？如何做好视觉营销？

单元一　走进视觉营销

一、视觉营销的定义

随着人们的消费需求从基本温饱层面向精神层面发展，电商平台上的商品数以亿计，消费者在浏览商品时只会注重第一眼的感觉，如何第一眼就能让消费者对商品感兴趣，吸引其目光与注意力，是每个卖家都需要思考的问题，此时不得不谈及的一个概念就是"视觉营销"（Visual Merchandising），简写为 VM 或 VMD。

走进视觉营销

视觉营销利用色彩、图像、文字等造成视觉冲击力，从而吸引消费者的关注，由此增加店铺和产品的关注度，达到营销制胜的效果。视觉营销是为达成营销目标而存在的，是将展示技术和视觉呈现技术与对商品营销的彻底认识相结合，通过标志、色彩、图片、广告等一系列的视觉展现，向消费者传达产品信息、服务理念和品牌文化，从而打造出一个具有吸引力的"磁场"，如图 4-1 所示，从而达到促进商品销售、树立品牌形象的目的。

图 4-1　视觉营销形成的"磁场"

二、视觉营销的意义

视觉营销的表象是视觉呈现，其核心目的是营销，就是让受众通过视觉了解产品的同时最终达成交易，甚至成为产品或者品牌的忠实顾客。

图4-2　网店用户体验六易原则

电子商务更加讲究"用户体验"，从销售的角度来讲，网店视觉营销就是打造一个具有良好用户体验的网店，让目标顾客容易进、容易看、容易懂、容易选、容易买、容易回，让商品转化率与销售额产生直接联动。从实体店铺的角度来说，就是容易在终端产生销售的意思。从实体导购员的角度来说，商品容易看、容易拿取、容易尝试，也是直接与容易销售相联系的。在网店中，产品描述就是导购员，网店视觉营销的理念就是达到顾客与网店双方在买与卖之间均可获得方便的效果，即网店用户体验的六易原则，如图4-2所示。

1. 容易进原则

对于店铺在全网的角度而言，"容易进"主要应用于网店常规的营销及推广手段，比如，优化宝贝标题提高自然搜索；投入直通车、钻展等付费引流；利用社交媒体营销做好网络推广；站外其他付费的引流等。然而，这些推广中除了"标题优化"外，从某种程度上可以说各种方法都将是"视觉化"的引流方式。好的设计是让用户容易进入店铺的关键要素。另外，对于进入店铺后，还有一层"容易进"，即容易进入各个分类或各个主推的栏目频道，甚至容易进入主推单品，视觉上有引导地让用户跟着你精心规划的店铺路径走。

2. 容易看原则

顾客进入店铺就要尽可能留住他，除了产品本身是否有吸引力外，用户在浏览时，店铺带给他的视觉呈现也是很重要的。不论是产品、广告还是文字，一定要让用户能够很容易地识别，从而最终达到有效传达的目的。

3. 容易懂原则

容易懂主要是指要让顾客读懂你。因为你销售自己的产品，对产品的了解是很到位的，然而让顾客真正了解你的产品才是关键。在网络零售中，要想让顾客了解你的产品，必须做到视觉图片、文字、卖点通俗易懂。因为顾客的知识水平、年龄大小等多方面有所不同，要让大众都能读懂你，就要把产品的特点以通俗易懂的方式呈现给顾客，让其轻松理解你。

4. 容易选原则

容易选主要涉及产品的分类设置、导航引导、产品推荐等。产品分类好比商场中的区域划分和商品陈列，如果随便规划和摆放，会不利于用户的选购。因此，在规划网络店铺时，要做好导航条和导航区的规划以及产品分类的规划，从而方便顾客查找和购买。

5. 容易买原则

容易买主要注重用户体验。卖家要从终端消费者的消费习惯、支付习惯以及语言习惯去分析：店铺的广告页是否都能连接到产品页；具体产品页是否帮用户考虑到搭配套餐的选择；产品页中关联营销是否有必要，可去除无关多余非关联广告；产品页中图片的尺寸和大小是否有优化，是否利于用户快速打开阅读；产品标题设置是否符合消费者语言习惯，支付方式是否便于消费者顺利完成支付。

6. 容易回原则

容易回主要注重客户服务，将客户培养成忠诚的回头客。卖家要履行在线客服的工作职能：帮助消费者了解商品信息；解决消费者在选择商品时遇到的问题；与消费者实时交流沟通；解决消费者一些订单方面的纠纷，从而提高消费者的满意度与忠诚度。

三、视觉营销的原则

在当下竞争如此激烈的电商市场，充分利用视觉营销的相关方法吸引潜在客户的关注以及保留长期客户的忠诚度，是一个跨境网店打造自己品牌效应的重要手段。但是视觉营销的策划与实施需要遵循一定的原则，下面我们具体分析视觉营销的三大原则以及其具体操作方法。

1. 目的性原则

视觉营销中，营销是目的。网店的视觉营销同样要自始至终以营销为根本目的，所有的视觉展现手段都要为达成销售服务。在跨境电商网店营销中具体操作方法为：①做好商品主图，抓住消费者眼球；②合理规划网页架构，做到主次分明、重点突出，建立良好的第一印象；③做好店铺招牌，让消费者一眼就知道店铺的经营范围、商品风格并记住店铺：④分析消费者需求，在商品详情页面明确呈现消费者关心的商品属性和特色，刺激购买欲。

2. 审美性原则

视觉营销自始至终都得注重视觉感受。若店主自己都觉得店铺页面没有吸引力，又怎么会吸引到消费者去下单。此外，即使刚开始视觉营销的效果很好，但若一成不变，久而久之也会让消费者产生视觉疲劳。我们需要从以下两个方面进行具体操作：①网店装修设计中要充分运用视觉引导、"黄金分割"、色彩搭配等平面设计理论；②定期进行店铺装修，使消费者每次进店都有不同的购物体验，形成一种良性循环。

3. 实用性原则

实用性就是要将店铺中各个装修模块的作用突显出来，例如，导航条就应该指明店铺商品的分类信息，欢迎模块就应该展示出店铺的最新动态，商品详情页面就要表现出商品的特点等。其实，实用性就是服务好消费者的需求，并权衡好可操作性。具体操作方法可参考下面两条：①注意视觉元素的统一，不要把店铺装修得五花八门；②巧妙运用文字说明、图片示意，让消费者轻松熟悉店铺的操作功能和商品的分类结构，方便消费者快速找到商品、下单和获得帮助。

四、视觉营销的四个关键点

在网上购物，视觉的沟通尤为重要，"看到"这个动作是所有营销手段的开始，而且也将贯穿始终。在网店商品同质化和价格透明化的今天，网店店主需要进行不懈的探索来丰富视觉营销的领域，从四个关键点入手与消费者进行更多、更深层次的心灵对接，才能获得成功。

1. "视"的关键：打造吸引力

从目前的网络技术发展水平来看，消费者在网上购物还不能像在实体店铺里一样与商品进行"亲密接触"，主要还是通过文字描述和图片展示来了解商品，这些都属于视觉营销中"视"的范畴。因此，网店视觉营销的首个关键点就是打造出吸引力，将消费者的视线吸引过来。

消费者的视线总是会被一些较为特别和漂亮的事物吸引，例如，比较下面两张商品主图（图4-3），显而易见，尽管要表现的商品是一样的，但经过精心设计的图片更能吸引消费者的注意。

画面中只有单调的商品形象，不足以产生较大的吸引力

丰富的信息、精心设计的场景，更能抓住消费者的眼球

图 4-3　商品主图

2. "觉"的关键：唤醒记忆力

唤醒记忆力就是在视觉营销活动中给予消费者一定的怀旧元素刺激，激发消费者的怀旧情怀，勾起他们记忆深处的共同记忆符号，以此来引发购买倾向。这些怀旧元素可能是日常生活中的实物，也可能是店铺中较为独特的符号，如店铺的徽标（Logo）等。将怀旧元素反复地展现在消费者眼前，在消费者脑海中形成一定的固定思维，也就是将品牌的价值高度浓缩后进行传播，使之形成最简单的记忆点。图4-4为某品牌的徽标在经过了反复应用和表现后给消费者留下的视觉印象。

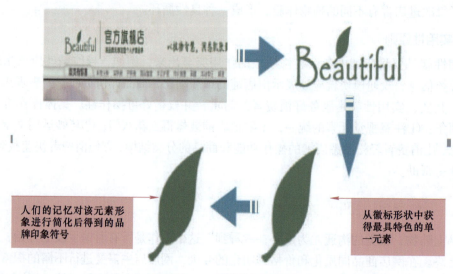

人们的记忆对该元素形象进行简化后得到的品牌印象符号

从徽标形状中获得最具特色的单一元素

图 4-4　品牌徽标展示

3. "营"的关键：营造好感度

网店要想赢得消费者的认可和好感，需要同时做好多方面的工作，而其中视觉营销能做的就是从以下几个方面入手营造视觉好感度。

（1）网店页面的加载速度。如果消费者在 10 秒内都无法完整打开网店的页面，肯定会放弃在店中购物。因此，装修网店时要注意对图片和网页进行优化，并对优化结果进行测试，以控制好网页的加载速度。

（2）网店视觉识别（Visual Identity，VI）设计和功能规划。网店装修的页面布局、颜色搭配和功能设计应该让消费者获得视觉上的愉悦感受和操作上的快捷体验，这样才能赢得更多的订单。其中详细而全面的商品分类和信息描述能解决消费者心中对于商品的疑惑，可促使消费者下单；详细的商品信息描述便于消费者正确判断商品的形象和功能，促使消费者做出购买决定；详细的商品分类给予消费者更大的选择空间，让消费者感受到商品的全面、丰富和店铺的专业程度。商品详情描述如图 4-5 所示。

图 4-5　商品详情描述

4. "销"的关键：激发想象力

视觉营销只向消费者展现拥有商品能获得的物质满足是不够的，更重要的是通过激发消费者的想象力，给予消费者心理上的满足，为商品创造更多附加值。特别是对某些类型的商品（如服装、箱包），消费者期望得到的不仅仅是商品本身，还包括商品所带来的美好想象和心理满足，在进行视觉营销时就要注重让消费者产生某种情绪联想，才能使消费者进而产生购买冲动，如图 4-6 所示。

图 4-6　设计激发情绪联想

单元二　视觉营销三大要素

视觉营销是为了塑造良好的店铺形象，完整地向买家传递店铺信息和品牌形象，让潜在的顾客了解店铺，并在此基础上熟悉买家的网页浏览习惯，在产品图片展示和店铺整体设计上形成统一鲜明的风格。无论多么优秀的网店，产品图片往往都由非常简单的三要素组成，即色彩、文字与版式。

一、色彩

在众多的网店装修画面中，可以发现这样一个规律，人们首先会被店铺中的色彩所吸引，接着才会根据色彩的走向，对画面的主次进行逐一的了解。

在中国古代，"色"指单一的颜色，并且它总是与具体的颜色称谓相关，如：红色、黄色等。而"彩"更多是指五彩斑斓的感觉，即由多种颜色组合而成的色彩状态，如五彩缤纷、绚丽多彩等，"彩"的概念更能体现人的视觉与心理的感受。

1. 色彩的分类

（1）有彩色。

有彩色指的是带有某一种标准色倾向的颜色，光谱中的全部颜色都属于有彩色，有彩色以红、橙、黄、绿、蓝、紫为基本色，其中基本色之间不同量的混合，以及基本色与黑、白、灰之间的不同量组合，会产生成千上万的有彩色。有彩色的应用如图 4-7 所示。

图 4-7 有彩色的应用

（2）无彩色。

在色彩的概念中，很多人都习惯把黑、白、灰排除在外，认为它们是没有颜色的，其实在色彩的秩序中，黑色、白色以及各种深浅不同的灰色系列，称为无彩色系。以这三种色调为主构成的画面也是别具一番风味的，在进行网店装修的配色中，为了追求某种意境或者氛围，有时也会使用无彩色来进行搭配。无彩色没有色相的种类，只能以明度的差异来区分，无彩色没有冷暖的色彩倾向，因此也被称为中性色。

无彩色中的黑色是所有色彩中最黑暗的色彩，通常能够给人以沉重的印象，而白色是无彩色中最容易受到环境影响的一个颜色，设计的画面中白色的成分越多，画面效果就越单纯。白色和黑色中间的灰色具有平凡、沉默的特征，也是很多时候网店装修中作为调节画面色彩的一种颜色，可以给人留下安全感和亲切感。

网店装修中设计的商品详情页面，其中通过将无彩色与有彩色进行结合，使其形成强烈的对比，突显出商品的特点，削弱辅助图像的内容，同时这样的配色也让整个画面更具设计感和艺术感，如图 4-8 所示。

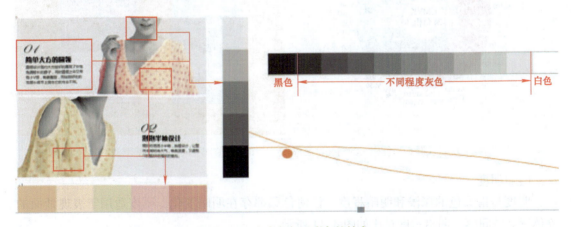

图 4-8 有彩色与无彩色的结合

2. 色彩三要素

有彩色中的任何颜色都具有三要素，即色相、明度、纯度，因此在图像的制作过程中，根据有彩色的特性，通过调整其色相、明度以及其纯度间的对比关系，或通过各色彩间面积调和，可搭配出色彩斑斓、变化无穷的网店装修画面效果。

（1）色相。

色相是色彩的最大特征，所谓色相是指能够比较确切地表示某种颜色色别的名称，也是各种颜色之间的区别，同样也是不同波长的色光被感觉的结果。

色相是由色彩的波长决定的，以红、橙、黄、绿、蓝、紫代表不同特性的色彩相貌，构成了色彩体系中的最基本色相，色相一般由纯色表示。色相的纯色块表现形式和色相间的渐变过渡形式如图4-9所示。

在进行网店装修的配色中，选择不同的色相，会对画面整体的情感、氛围和风格等产生影响。画面主要配色的色相都是偏向于冷色，整个配色给人理智、睿智、可靠的感觉，而画面主要配色的色相都是偏向于暖色，整个配色给人热情、奔放、活泼的感觉。两种不同色相搭配下的网店装修效果如图4-10所示。

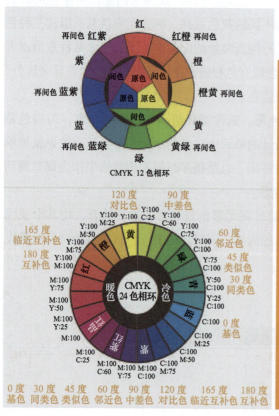

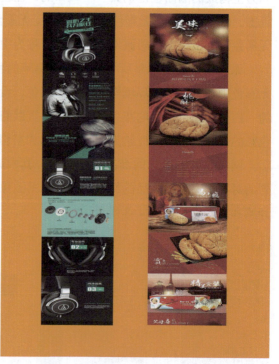

图4-9 色相的纯色块表现形式和色相间的渐变过渡形式 　　图4-10 不同色相搭配下的网店装修效果

（2）明度。

明度是指颜色的深浅和明暗程度，任何色彩都存在明暗变化，明度适用于表现画面的立体感和空间感。明暗程度对比如图4-11所示。

低明度	中明度	高明度

图 4-11　明暗程度对比

在网店装修的配色过程中，明度也是决定文字可读性和修饰素材实用性的重要元素，在设计画面整体印象不发生变动的前提下，维持色相、纯度不变，通过加大明度差距的方法可以增添画面的张弛感。同时，色彩的明暗程度也会随着光的明暗程度变化而变化，色彩的明度越高，图像的效果就越明亮、清晰；相反，明度越低，则图像的效果就越暗淡。不同明度的图片效果如图 4-12 所示。

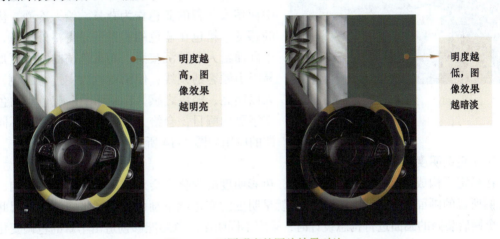

图 4-12　不同明度的图片效果对比

（3）纯度。

纯度通常是指色彩的鲜艳程度，也称为色彩的饱和度、彩度、鲜度、含灰度等。它是灰暗与鲜艳的对照，即同一种色相是相对鲜艳或灰暗的。纯度取决于该色中含色成分和消色成分的比例，其中灰色含量越少，饱和度值越大，图像的颜色就鲜艳。

通常我们把纯度分为不同的 9 个阶段，其中 1 ～ 3 阶段的饱和度为低饱和度；4 ～ 6 阶段的饱和度为中饱和度；7 ～ 9 阶段的饱和度为高饱和度。从饱和度的色阶阶段表中可以看到，饱和度越低，越趋于黑色，饱和度越高，色彩就越趋于纯色，具体如图 4-13 所示。

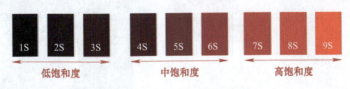

图 4-13　饱和度的色阶阶段表

3. 色调的倾向

色调指的是画面色彩的总体倾向，是设计中不可或缺的色彩的表现形式。

图 4-14　不同色调的应用

（1）色调色相的倾向。

色相对色调起着重要的作用，也可以说色相是决定色调最基本的因素，色调的变化主要取决于画面中设计元素本身色相的变化，我们所说的某个网店呈现为红色调、绿色调、蓝色调或者紫色调等，指的就是组成画面设计元素的固有色相，就是这些画面主导地位的颜色决定了画面的色调倾向。例如，饰品店铺装修画面中会使用大面积的红色调，红色调能让人产生充满民族气息的色彩印象，营造出热情、朝气蓬勃的感觉，而小面积的黄色，使得画面简洁却富有张力。箱包店铺中使用大面积的蓝色作为背景，给人冷静、优雅的感觉，箱包在蓝色的背景下显得格外醒目，整个画面给人一种沉寂感。而黄色调的画面更加容易吸引顾客的视线，使用黄色为主进行配色，给人以明亮、轻快之感，让画面中的蓝色和白色的文字更加醒目，会给人留下深刻的印象。不同色调的应用如图 4-14 所示。

（2）色调明度的倾向。

在确定了构成画面的基本色调之后，色彩明度的变化也会对画面造成极大的影响，通常我们所说的画面明亮或者暗淡，其实就是明度的变化赋予画面的不同明暗倾向，因此在对一个网店装修的画面进行构思设计时，采用不同明度的色彩能够创造出丰富的色调变化。例如，饰品店铺装修画面中使用明度值较高的色彩进行配色时，高明度色彩之间的明暗反差会变小，使得画面呈现出清新、高雅、明快之感，同时添加高明度的玫红色，让画面更显欢快。而手表店铺装饰画面中使用大面积的低明度色彩时，浓重、浑厚的色彩会给人深沉、凝重的感觉，并表现出具有深远寓意的画面效果。低明度的色调使得画面呈现出一派神秘的格调，黑暗中的腕表给顾客留下品质高端的印象。色调明度对比如图 4-15 所示。

图 4-15　色调明度对比

（3）色调纯度的倾向。

纯度也是决定色调倾向不可或缺的因素，不同纯度的色彩所赋予的画面感觉也不同，画面鲜艳度或昏暗均由色彩的纯度所决定。就色彩的纯度倾向而言，高纯度色调和低纯度色调都能赋予画面极大的反差，给人不同的视觉印象，在网店装修中，色调纯度的倾向，一般会根据商品具体的色彩来决定。当画面以高纯度的色彩组合表现主题时，鲜艳的色调可以表达积极、强烈而冲动的印象，如数码商品背景使用了纯度较高的色块，使其与商品产生强烈的对比，更具视觉冲击力。而在低纯度的咖啡色画面中，显示出复古与怀旧的感觉，为原本平淡的画面增添了一种协调与惬意、高端与品质的感觉，可以更加迎合主题。色调纯度的应用如图4-16所示。

图4-16 色调纯度的应用

二、文字

在网店装修画面中，文字的表现与商品展示同等重要，它可以对商品、活动、服务等信息进行及时的说明和指引，并且通过合理的设计和编排，让信息传递更加准确。

字体就是文字的风格样式。文字也是一张海报必不可少的一部分，不同字体给人的感觉也是不同的。宋体：客观雅致，大标宋古风犹存，给人古色古香的视觉效果；黑体：时尚、厚重、抢眼，多用于标题制作，有强调的效果；仿宋：权威、古板，印刷品中使用仿宋给人某种权威的感觉，一般用于观点提示性的阐述等。

1. 常见的字体风格

（1）男性产品字体风格。

关键词：硬朗、粗犷、力量、稳重、大气。

一般选用笔画粗的黑体类字体，或者有棱角的字体，大小、粗细搭配，有主有次，如图4-17所示。

图4-17 男性产品字体风格展示

（2）女性产品字体风格。

关键词：柔软、飘逸、俊俏、纤细、秀美、气质、时尚。

一般选用纤细、秀美、线条流畅，字形有粗细等细节变化的字体，如图4-18所示。

图4-18 女性产品字体风格展示

（3）促销类产品字体风格。

关键词：粗体、字号大、显眼、倾斜、文字变形等。

一般选用笔画粗的字体，如方正粗黑、方正谭黑、造字工房力黑等字体，如图4-19所示。

图4-19 促销类产品字体风格展示

（4）高端产品字体风格。

关键词：纤细、小巧、优美、简约、干净利落。

一般选用笔画细的字体，字号也比较小，中英文搭配，立显时尚，如图4-20所示。

图4-20 高端产品字体风格展示

（5）中式产品字体风格。

关键词：纤细、优美、复古等。

一般选用笔画细的字体，如方正清刻本悦宋简体、方正启体简体等，字号比较小，常用毛笔字体（用于标题）而且采用竖向排版，如图4-21所示。

图4-21 中式产品字体风格展示

2. 合理安排文字

（1）左图右文。

左图右文的排列方式符合消费者常规的阅读习惯。这种布局方式首先以精美的图片吸引消费者的注意，让消费者有足够的兴趣去进一步了解店铺，了解商品。图4-22是某品牌服装的店铺首页精品推介模块。

（2）左文右图。

左文右图的排列方式打破了人们常规的阅读习惯，从而在视觉上形成奇特的布局样式，给消费者带来深刻的印象。图4-23是某品牌箱包店铺的首页欢迎模块。

图4-22　某品牌服装的店铺首页精品推介模块

图4-23　某品牌箱包店铺的首页欢迎模块

（3）上文下图。

上方主要以各种优惠券和各种优惠方式来吸引消费者选择优惠产品，增加产品的点击率；下方是增强视觉效果的图片。图4-24是速卖通主页面上关于产品营销策划的模块。

（4）上图下文。

上方以图片引出主题；在下方的文字中，关注点在"不一样的婚纱照""想去哪拍就去哪拍"，引导消费者主动去了解品牌。图4-25是某品牌营销策划展示。

图4-24　速卖通主页面上关于产品营销策划的模块

图4-25　某品牌营销策划展示

三、版式

运营网上店铺时，为了提高销售业绩，需要制作美观、适合商品的页面，利用图片或者文字说明等组成要素,通过将其美观地进行布局而更引人注目,并且由此提升顾客的购买率。将商品页面的组成要素进行合理的排布,以达到吸引顾客的目的就是装修设计的版式布局。

1. 版式布局的形式法则

版式布局的形式法则是增强画面美感的基本准则,它虽然不是美的唯一标准,却能帮助初学者很快掌握设计要领,从而设计出优秀的网店装修页面。版式的形式法则没有固定的章法可循,主要靠设计师的灵活运用与搭配。只有在大量的设计实践中熟练运用,才能真正理解和掌握版式布局的形式法则,并善于运用,创作出优秀的网店装修作品。

（1）对称与均衡。

对称与均衡是统一的,都是让顾客在浏览店铺信息的过程中求得心理上的稳定感。对称与均衡是指画面中心两边或四周的视觉元素具有相同的数量而形成画面均衡感。在对称与均衡中,采用等形不等量或等量不等形的手法组织画面内容,会使画面更加耐人寻味,增强细节上的趣味性。

（2）节奏与韵律。

节奏是有规律的重复。对于版面来说,只有在组织上合乎某种规律并具有一定的节奏感,才能产生韵律。节奏的重复使组成节奏的各个元素都能够得到体现。韵律是通过节奏的变化来产生的,在设计网店时,合理运用节奏与韵律,就能将复杂的信息以轻松、优雅的形式表现出来。

（3）对比与调和。

对比与调和看似一对矛盾的综合体,实质上是相辅相成的统一体。其实,在很多的网店装修页面设计中,画面中的各种设计元素都存在着相互对比的关系,为了寻求视觉和心理上的平衡,设计师往往会在对比中寻找能够相互协调的因素,也就是说,在对比中寻求调和,让画面在富有变化的同时,又有和谐的审美情趣。

对比是差异性的强调,对比的因素存在于相同或者相异性质之间,也就是把具有对比性的两个设计元素相比较,产生大小、明暗和粗细等对比关系。

（4）虚实与留白。

虚实与留白是版式设计中重要的视觉传达手段之一,采用对比与衬托的方式将画面的主体部分烘托出来,使版面层次更加清晰,同时也能使版面更具层次感,主次分明。

为了强调主体,可将主体以外的部分进行虚化处理,用模糊的背景将主体突出,使主体更加明确,但是在网店设计中,通常会采用降低不透明度的方式来进行创作。所谓的留白,是指在画面中巧妙留出空白区域,赋予画面更多的空间感,令人产生丰富的想象。

2. 版式布局中图片的处理

在店铺装修设计中,除了文字以外,图片是传递信息的另一种重要途径,也是网络销售中最需要重点设计的一个元素。商品图片是网店装修画面中一个重要的组成部分,其相对于文字更直接、更快捷、更形象,使商品的信息传递更加简洁,接下来就对版式布局中图片的处理方式进行讲解。

（1）利用裁剪提炼出图片的重点。

我们在网店装修中接触到的图片大部分都是摄影师拍摄的照片，这些照片往往在形式上都是固定的，或者在内容上只有一部分是符合装修需要的，这时候就需要我们采用一些技巧来处理这些图片，使它符合版面设计的需要。

（2）缩放图片获得最佳的商品展示效果。

同一个商品照片，在进行设计的过程中，如果进行不同比例的缩放，会获得不同的视觉效果，也会凸显出不同的重点。但是网店装修设计与普通的设计不同，它需要重点展示的是商品本身，因此，在设计的过程中，适当对商品以外的图像进行遮盖，可以让商品的特点得以突显，获得顾客更多的关注。

3. 版式布局中的视觉流程——曲线型的版面指向

线是决定版面现象的基本要素。斜线具有动荡和速度的感觉，曲线给人流畅、柔美的性格特征。线可以串联各种视觉要素，可以分割画面和图像文字，使画面具有节奏感。对角线页面布局会让观赏者的视线

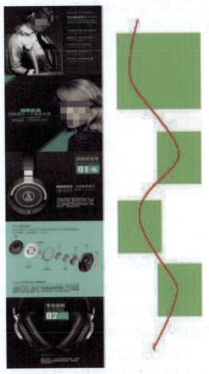

图 4-26 典型的曲线型曲面排版指向

集中在商品图片上，使画面的局部形成一个强调效果，让其更加突出地呈现出来，这种强调的手法可以通过放大、弯曲、对比等技巧来体现，尽可能地根据人们的视线移动方向进行排列布局。图 4-26 为典型的曲线型曲面排版指向。

单元三　视觉营销成败的三大数据指标

在这个大数据时代，网店如果想要在竞争中突围，就一定要学会对数据进行分析。视觉营销计划实施之后，除了分析销售业绩之外，还需要分析流量、转化率和客单价这三大数据指标来衡量视觉营销的成败。接下来就逐一分析这三大数据指标的含义。

视觉营销成败的
三大数据指标

一、决定销量高低的基础——流量

消费者来到店铺浏览商品，便给店铺带来了流量。

1. 流量的分类

流量具体分为页面访问量（PageView，PV）、独立访客数（Unique Visitor，UV）、独立 IP 数（Internet Protocol，IP）三个指标，如图 4-27 所示。电商平台中常用于计算店

铺"流量"的指标是 PV 和 IP，其中最有意义的是 IP，它能较真实地体现出店铺的热度和人气。

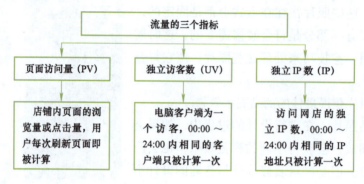

图 4-27　流量的三个指标

2. 流量的来源

根据消费者来到店铺的不同渠道，可以将店铺的流量来源分为以下几种。

（1）搜索流量。搜索流量是指消费者在搜索想要的商品之后，点击搜索结果页面中的商品进入店铺产生的流量。

（2）店铺优化流量。店铺优化流量是指消费者在店铺中不断浏览的过程中产生的流量。

（3）站内推广流量。站内活动流量是指消费者从电商平台的推广页面中进入店铺而产生的流量。

（4）站外推广流量。很多商家将店铺中的商品放在论坛、博客等电商平台之外的网站上进行推广，这样的营销手段所带来的流量就是站外推广流量。

（5）会员关系管理流量。会员关系管理流量主要是指老顾客回访产生的流量。

（6）其他流量。除了上述 5 个流量来源之外，通过其他渠道产生的流量。

二、彰显电商成交的关键数据——转化率

网店在通过一系列手段吸引到流量之后，接下来要做的工作就是将这些流量有效地转化为店铺的营业额，这才是重中之重。因为只有让进店的消费者下单购买，之前为引流所做的一切才有意义。衡量这一转化工作的成效就要用到转化率这个指标。

1. 转化率的定义

网店的转化率是指所有到达店铺并产生购买行为的人数和所有到达店铺的人数的比率，计算公式为

$$转化率 = \frac{所有到达店铺并产生购买行为的人数}{所有到达店铺的人数} \times 100\%$$

2. 转化率的影响因素

消费者最终是否下订单并完成支付，是由整体体验决定的，因此，转化率的提升并非一日之功，是店铺长期精心经营的结果。影响转化率的因素涉及网店的方方面面，具体如图 4-28 所示。

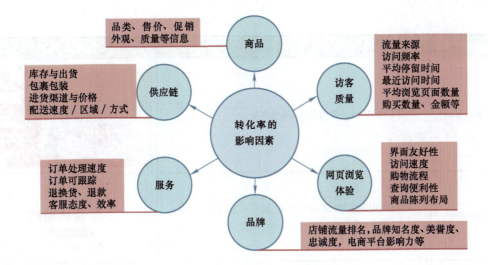

图 4-28 影响转化率的因素

从图 4-28 可以看出，在影响网店转化率的诸多因素中，"商品"和"网页浏览体验"是与网店的视觉营销，也就是网店的装修直接相关的，因此可以说视觉营销的成败会在很大程度上影响网店的转化率。例如，"商品"类因素中的"外观、质量等信息"在网店中只能通过视觉营销的手段，也就是商品详情页面呈现给消费者。精心设计的商品详情页面就如同一位优秀的销售员，能让消费者看完商品描述后就产生购买欲望，最终形成购买行为，这个过程是决定店铺转化率的关键环节。消费者在选购商品时往往会花更多时间关注款式和外观之外的信息，如面料、材质、成分、设计特点、版型、尺码等细节。在商品详情页面中做好这些细节的呈现，并不仅仅是为了客观传达商品信息，更是为了解答阻碍消费者做出购买决定的种种问题，给予消费者买下这件商品的理由。某商品详情页如图 4-29 所示。

图 4-29 某商品详情页

三、体现商品属性和消费者属性——客单价

客单价，顾名思义就是平均每位消费者在店铺中购物的成交金额。在同等流量的情况下，客单价的高低将决定店铺营业额的高低。为提升客单价，让每个流量、每次购买的获益最大化，可以参考表 4-1 中的方法。

表 4-1 提高客单价的方法

提高客单价的方法		具 体 操 作	图 示
店铺活动	满额包邮	消费者购物达到一定的金额就减免邮费	
	限时折扣	在规定的时间内调低商品的价格，时间一过立即恢复原价，给消费者造成一定的紧迫感	
	满就送	消费者购物达到一定的金额就给予相应的赠品，刺激消费者多买	
客服技巧	客服态度	亲切、温和、耐心地回答消费者提出的每个问题，打消消费者的疑虑，加强消费者对店铺的好感，培养"回头客"	—
	关联推荐	在与消费者交流的过程中，挖掘消费者需求，把握恰当时机推销商品	—
关联搭配	关联营销	在商品详情页面中穿插店铺中其他有关联的商品的信息	
	爆款制胜	将店铺中销售较好的商品在多个商品详情页面或店铺首页中进行推广	
	搭配套餐	组合几款有某种联系的商品，以低于商品价格总和的优惠价格进行套餐式推广	

表 4-1 说明，关联搭配对提升客单价很重要，尤其是对于经常参加电商平台活动引流的网店来说，用于促销的商品往往是成本价或亏本的，而这样的代价换来的流量如果不关联销售其他商品，就会白白浪费。从表 4-1 还可以看出，客单价与网店的视觉营销也有着千丝万缕的关系：一方面，如果店铺装修能给消费者留下好印象，就能延长消费者在店内浏览的时间，从而增大成交的概率；另一方面，各种店铺活动和关联搭配都必须以视觉营销的手段呈现在消费者眼前，只有做好视觉营销，才能使这些提升客单价的手段达到目的。

从上述三大数据指标的介绍和分析可以看出，视觉营销对它们有着或大或小、或直接或间接的影响。对这些数据指标进行深入挖掘，从中总结经验、发现不足，用于指导和调整视觉营销策略和计划，是网店经营的重要工作。

单元四 速卖通旺铺装修基础操作

从前面的内容中我们可以看出视觉营销对店铺装修中各部分的重要性。下面我们来学习一下关于速卖通旺铺装修的基础操作，将这些重要的部分组合起来，运用到速卖通店铺装修中。

一、速卖通基础模块首页设计

（1）登录速卖通账号，单击"我的速卖通"，如图 4-30 所示。

图 4-30 登录"我的速卖通"

（2）找到"店铺"，进入"我的店铺"，如图 4-31 所示。

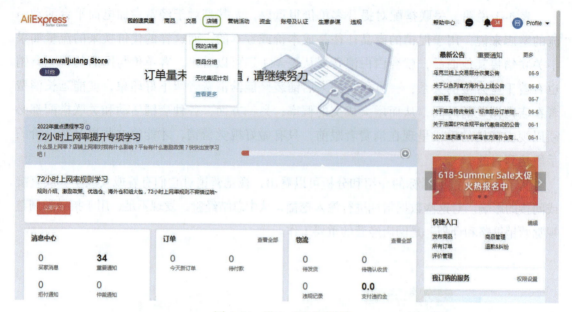

图 4-31　进入"我的店铺"

（3）单击"编辑店铺装修"按钮，登录后台装修界面，装修页面分为首页、新品页面以及自定义页面，如图 4-32 所示。

图 4-32　速卖通后台装修界面

首页设计对于任何一个平台来说都比较重要，速卖通也不例外。速卖通平台在卖家视觉营销方面，增加了更加开放的功能模块。下面我们重点讲解首页设计操作。

单击首页右侧"编辑"按钮，进入装修界面，在页面右侧我们可以看到无线店招、优惠 CODE、直播、满件折、排行榜、智能分组、新品、猜你喜欢、页面尾部等模块；页面左侧可以添加模块，分为图文类、营销类、产品类，如图 4-33 所示。

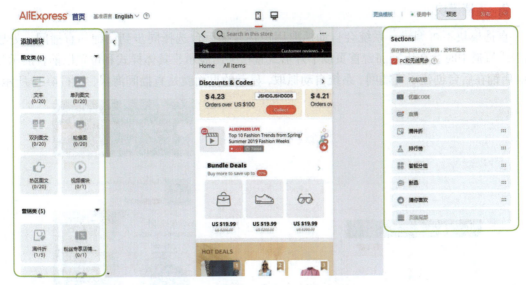

图 4-33　速卖通装修界面模块展示

二、重点模块介绍

1. 店招模块

在首页装修页面，我们可以看到最上面的就是无线店招。店招是一个店铺的招牌，也是展示店铺形象的一个模块，因此它的重要性不言而喻。

将鼠标放在无线店招上，单击后我们可以看到关于店招模块的显示方式：默认背景和自定义背景图，如图 4-34 所示。无线店招有两种设计方式，第一种是纯色店招，风格简约，无须设计，直接在后台选择默认背景，能避免因背景色彩问题导致的信息不突出，但呈现的内容有限。第二种是自定义店招，如果使用自定义店招，建议图片大小为 750px×300px，背景避免杂乱，上传后自动虚化，突出产品卖点或品牌优势。

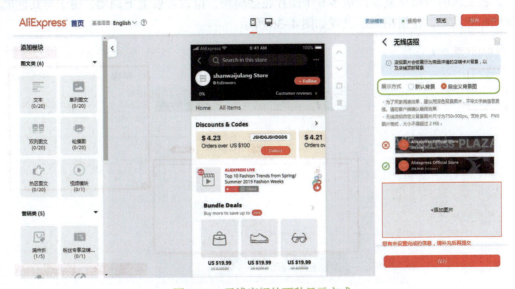

图 4-34　无线店招的两种显示方式

2. 直播模块

直播模块不可编辑，系统会自动抓取用户在直播后台选择同步到店铺的直播间，处于预告或直播中时会在店铺前台首页以卡片形式置顶突出展示，具体样式和位置以前台展示为准。店铺在后台创建了直播间，系统自动抓取，显示的页面就是直播间海报，如图4-35所示。

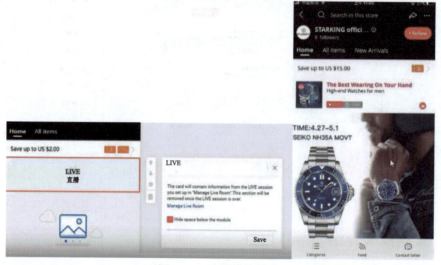

图 4-35　直播模块展示

3. 图文类模块——轮播图

图片轮播模块位于页面左侧"图文类"，是一个非常重要的产品展示模块。轮播图须具有以下特点：可以有效引导买家消费路径，放置主推产品和利润产品；简易文案需清晰可见，需具有很强的可读性；主题要鲜明，无须过多的辅助因素；重点文字需要突出，用最短的时间抓住用户，激发其点击欲望；符合阅读习惯，文字排列尽量从左往右，从上到下。

该模块将多张广告图片以滚动轮播的方式进行动态展示，可以更直观、更生动地展示商品。在主区内可以重复添加最多6个图片轮播模块，位置可以上下调动，便于与其他模块之间的相互搭配，轮播图展示设置如图4-36所示。

图 4-36　轮播图展示设置

4. 营销类模块

营销类模块主要分为满件折、粉丝专享店铺优惠券、粉丝专享折扣产品、邀请活动、店铺签到有礼，移动到首页后，由系统自动按模块排布，是不可以编辑的。但是对于营销类模块，店铺可以根据最近的营销目的和主推产品，把产品相互搭配起来做满件折、粉丝专享店铺优惠券等，把产品直接移动到首页，给予买家一定的有利信息，来促进买家决策，如图 4-37 所示。

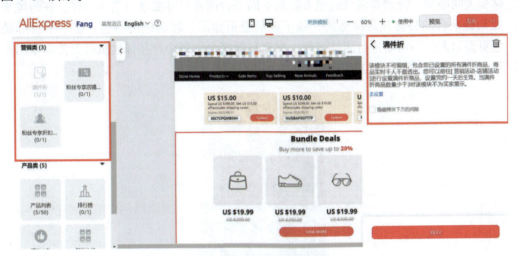

图 4-37 营销类模块展示

5. 产品类模块

产品类模块可以自行选择店铺的产品排序。对于产品的排序，大部分店铺采用利润款产品排序优先，引流款产品排序第二，主推的潜力常规款排序第三的方式。采用这样的排序方式主要是因为利润款产品可以给店铺带来比较大的收益，而引流款产品可以保持稳定的流量，并且在引流款产品中会做常规产品的搭建和关联营销，这样可以实现消费者无论进入哪款产品，都可以实现店铺任何一款产品的跳转，有利于被速卖通系统判定为买家喜欢店铺的产品，只要有与该客户相似的买家属性，系统就会自动进行优先推荐，如图 4-38 所示。

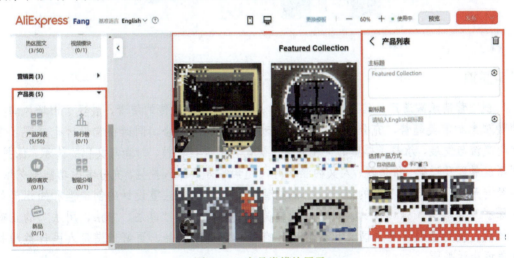

图 4-38 产品类模块展示

　　其他平台的图片与文案的设计可以参考我们上面说的思路和技巧。阿里巴巴国际和速卖通都是阿里巴巴旗下的平台，后台装修页面几乎一样，其他平台像 eBay、Wish 的后台装修思路都大同小异，特别要注意的地方就是不同平台图片尺寸要求可能不一样。在跨境平台中，亚马逊平台的装修是最简洁的，基于亚马逊重商品、轻店铺的特色，整个平台都是以统一的页面示人，不需要进行店铺装修。在亚马逊平台，每个产品详情页可上传 9 张图片，1 张为主图，其他 8 张图片全部为辅图，如 4-39 所示。

图 4-39　亚马逊产品详情页商品图

学习园地

　　视觉营销承载着产品信息传递的功能，是产品营销、宣传的使者，展现了市场风向、消费观念和审美趋势，充分体现了科技、时尚与需求的融合，同时视觉设计也展现了多文化交流与发展，承载了厚重的文化内涵。视觉营销要在科技、时尚与文化的传承、保护、创新发展以及道德、价值观、人文内涵和时代元素等方面深入挖掘，充分考虑功能与艺术、内容与形式、物质与精神的统一，在视觉营销设计中，要注重设计的创造性和知识产权的保护意识教育，强调设计人员的职业道德和责任，倡导"尊法、守法、用法"的正确价值观，设计出既具有中国文化内涵又具有世界审美的精品，更好地满足人民日益增长的美好生活需要。

模 块 实 训

实训目的 了解构成视觉营销的三要素，掌握影响视觉营销成败的因素，为更好地进行店铺装修打下坚实基础。

实训内容

（1）设计一张海报和一个商品详情页。

（2）对速卖通平台进行产品优化，进行店铺旺铺装修以及制订营销推广方案。

实训总结

通过对产品视觉进行规划，进而对店铺进行整体优化，完整地运用视觉营销，提高商品转化率。

课 内 测 试

一. 选择题

1. 以下（ ）不是视觉营销的原则。
   A. 目的性原则　　　B. 实用性原则　　　C. 营利性原则　　　D. 审美性原则
2. 视觉营销的三大要素有（ ）。
   A. 色彩　　　　　　B. 图案　　　　　　C. 文字　　　　　　D. 版式
3. 版式布局的形式法则指（ ）。
   A. 对称与均衡　　　B. 节奏与韵律　　　C. 对比与调和　　　D. 虚实与留白
4. 流量分为（ ）三个指标。
   A. 页面访问量（PV）　　　　　　　　　B. 独立访客数（UV）
   C. 独立IP数（IP）　　　　　　　　　　D. 点击率（CTR）
5. 色彩三要素是指（ ）。
   A. 色相　　　　　　B. 明度　　　　　　C. 纯度　　　　　　D. 色调

二. 简答题

1. 视觉营销的原则有哪些？
2. 视觉营销成败的数据指标有哪些？
3. 什么是转化率？转化率的影响因素有哪些？

Moudle 5

模块五

跨境电商平台运营与推广

―――――――――――――――――――― 学习目标 ――――――――――――――――――――

知识目标：

◎ 了解跨境电商平台的主要运营模式和推广工具。

◎ 熟悉跨境电商平台的特点和盈利模式，熟悉速卖通不同营销推广活动的设置规则与方法。

◎ 掌握跨境电商不同平台的优势以及不同的营销推广工具的运用技巧。

技能目标：

◎ 能灵活选择跨境电商平台，并运用平台提供的营销推广工具实现站内引流。

素养目标：

◎ 熟悉跨境电商各平台模式与工具，掌握相关平台的主要推广工具的运用技巧，培养学生的规则意识和遵纪守法意识。

模块导入

2021年第一季度，我国外贸保持了恢复性增长。海关总署数据显示，一季度我国出口4.6万亿，同比增长38.7%。跨境电商作为新兴贸易业态，延续了2020年良好的发展态势，出口同比增长69.3%，成为外贸稳增长的主要力量之一。

4月22日，阿里巴巴国际站公布2021年外贸趋势以及数字化出海战略。阿里巴巴集团副总裁、阿里巴巴国际站总经理张阔表示，全球电商渗透率大幅度提升，线上采购趋势不可逆转。随着中国供给在全球的结构性地位不减反增，跨境电商出海红利仍在，正是中国制造通过品牌化方式高质量出海的新契机。

"未来三年仍将是跨境电商B2B的黄金发展期。阿里巴巴国际站将用数字化创新的方式，让每个愿意参与到外贸中的商家用更低的成本，提升出海的质量和效率；通过有质量的买家增长、有质量的供给，以及全链路数字化服务，助力商家品牌化出海，提升国际竞争力。"张阔说。

基于此，阿里巴巴国际站针对站内所有商家，将品牌划分为自有品牌、制造品牌和贸易品牌，通过构建一套品牌力评估体系，帮助其梳理品牌核心定位，通过技术、算法以及社交等新业态，精准匹配海外买家，让中国的工厂和中国品牌被世界看到。

平台将从有质量的买家增长入手，针对美、欧、东南亚、日韩等重点地区的17个国家，进行国家化分层运营，重点强化分销商和零售电商等群体，通过直播、短视频等数字化沟通方式，提高远在国外的买家寻源体验的同时，对去中心化的在线零售商进行本地化圈层服务，拓展提升海外买家的类型和质量。张阔表示，通过对买家端的分国别分类型精细化运营，阿里巴巴国际站有望在一年内实现买家数量翻番。

【思考题】

说说你对数字化运营的理解。

互联网大数据时代，为帮助卖家开展引流推广工作，跨境电商平台纷纷提供了丰富的引流工具。流量是店铺的生命线，没有高流量，店铺很难实现高销量。卖家需要掌握各类平台工具的运用方法和技巧，最大限度地利用站内资源开展引流推广工作。

单元一 跨境电商平台主要运营模式

目前国内跨境电商主要运营模式以基于第三方跨境电子商务平台的跨境B2B为主，基于跨境电子商务的巨大发展潜力，以及平台因涌入大量卖家导致竞争激烈，国内外一些网络巨头或创业公司开始布局跨境电子商务平台的建设，或进行跨境电子商务运营模式的创新。

一、跨境电商运营模式分类

（一）根据跨境电商交易主体分类

根据交易主体的不同，跨境电商运营模式可分为企业对企业

跨境电商平台
主要运营模式

（Business to Business, B2B）、企业对个人（Business to Customer, B2C）、个人对个人（Customer to Customer, C2C）三种基本类型。

1. B2B 跨境电子商务

B2B 跨境电子商务的买卖双方都是企业或集团客户。2018 年，B2B 跨境电子商务的市场交易规模占跨境电子商务市场交易总规模的 83.2%，占据主导地位（如图 5-1 所示），跨境电商 B2B 的商业模式在于去中间化，让品牌商和产品直接接触，通过用户来反作用于生产方和品牌方。代表平台有阿里巴巴国际站、环球资源网、中国制造网等。

2. B2C 跨境电子商务

B2C 跨境电子商务的卖方是企业，买方为个人消费者，是企业以零售方式将商品销售给消费者的模式。虽然 B2C 模式在跨境电子商务市场占比不大，但有逐年上升的趋势（如图 5-1 所示），越来越多的 B2C 跨境电商平台建立起来，跨过众多的中间环节直接连接工厂与消费者，以 B2B2C 的形式减少了交易环节，消除了信息不对称。代表平台有速卖通、亚马逊、兰亭集势等。

图 5-1　2013—2019 年中国跨境电子商务 B2B 与 B2C 交易规模占比

3. C2C 跨境电子商务

C2C 跨境电子商务的买卖双方都是个人，即经营主体是个人，面向的也是个人消费者。

（二）根据跨境电商平台运营方分类

1. 第三方运营平台模式

第三方跨境电子商务平台的网络平台是由买卖双方之外的第三方搭建，通过对物流、支付等资源进行整合，吸引商家入驻平台，为商家提供跨境电子商务交易服务。交易成功后，第三方从中获取佣金或服务费。代表平台有速卖通、亚马逊、eBay、Wish 等。

2. 自营平台模式

自营平台模式是由卖方或买方（通常是卖方）搭建和运营平台，自己整合资源、寻找货源、采购商品，并通过自己的平台售卖商品，赚取商品差价。跨境电子商务平台的开发和维护需要较高的技术水平，推广运营成本高昂，对中小卖家来说，企业自建或自营平台从事跨境电子商务是不划算的。代表平台有兰亭集势、米兰网等。

（三）根据跨境电商平台提供的功能或服务分类

1. 信息服务（产品展示）平台

信息服务平台主要是通过为供应商及采购者提供信息服务促使双方能够完成交易的平台。信息服务模式是 B2B 跨境电子商务的主流模式。代表平台有阿里巴巴国际站、环球资源网、中国制造网等。例如，环球资源网展示产品并提供相关的信息服务，采购商可以通过单击"Inquire Now"按钮直接向企业询单，但平台不提供商品在线销售服务，如图 5-2、图 5-3 所示。

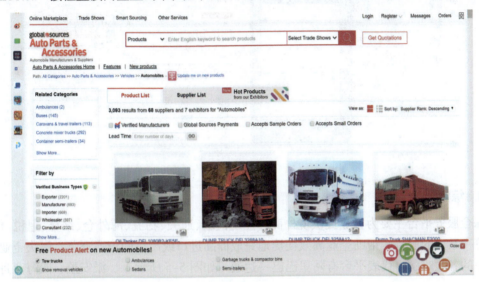

图 5-2　环球资源网首页产品展示

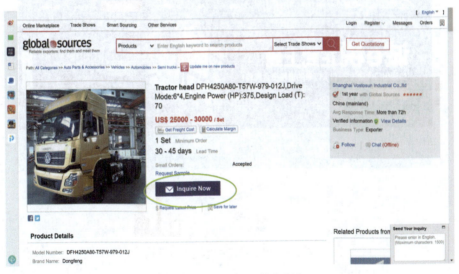

图 5-3　环球资源网信息服务

2. 在线交易（网络购物）平台

在线交易平台通过产品、服务等多方面的信息展示，让消费者在平台即可完成搜索、咨询下单、支付结算、确认收货、评价等各个购物环节。在线交易模式是零售跨境电子商务（B2C 和 C2C）的主流模式。代表平台有亚马逊、eBay、速卖通、敦煌网等。亚马逊平台向消费者展示产品信息，消费者可将自己感兴趣的商品加入购物车并实现在线交易，如图 5-4 所示。

图 5-4　亚马逊平台购物页面

3．综合服务平台

综合服务平台主要为企业提供境外商标注册代理、通关、物流、海外仓、结算、退税、保险、融资等一系列的服务，帮助企业高效便捷地完成商品进口或出口的流通环节，解决企业跨境贸易中的各项难题。代表平台有阿里巴巴一达通（如图 5-5 所示）、派安盈、四海商舟等。

图 5-5　阿里巴巴一达通平台首页

（四）根据进出口方向分类

1．出口跨境电子商务

出口跨境电子商务又称出境电子商务，是指境内生产或加工的商品通过电子商务平台达成交易，并通过跨境物流输往境外市场销售的一种国际商业活动。代表平台有速卖通、阿里巴巴国际站、Wish、eBay、敦煌网等。

2. 进口跨境电子商务

进口跨境电子商务又称入境电子商务，是指将境外的商品通过电子商务平台达成交易，并通过跨境物流输入境内市场销售的一种国际商业活动。代表平台有洋码头、亚马逊海外购、网易考拉海购等。

二、跨境电商第三方平台运营模式

（一）跨境电商第三方平台的概念

跨境电商第三方平台由买卖双方之外的独立第三方构建和运营，其功能就是为跨境电子商务买卖双方（特别是中小企业或个人用户）提供公共平台来开展跨境电子商务。其基本模式如图5-6所示。

和所有的跨境电子商务平台一样，根据交易主体的不同，跨境电商第三方平台也可分为 B2B、B2C 和 C2C 等主要的模式。

图 5-6 跨境电商第三方平台基本模式

其中，国内熟悉的 B2B 跨境电商平台的卖家一般是以企业为主，如产品生产企业、外贸公司等；而买家则以海外较大规模的采购商为主，如海外批发商或零售商。第三方 B2C 跨境电商平台的买家以海外最终个人消费者为主，实质就是跨境电子商务零售。第三方 C2C 跨境电商平台的卖家主要是国内个人（或个体户），而买方则是海外最终个人消费者。

（二）跨境电商第三方平台的盈利模式

跨境电商第三方平台一般由买卖双方之外的独立第三方构建和运营，平台运营方一般并不在平台上直接销售产品，其网络平台的前期搭建、日常运营和海外推广需要较高的成本与费用。跨境电商第三方平台主要向卖家收取会员费用、交易佣金、增值服务费用或其他费用。

1. 会员费用

根据会员的级别，很多 B2B 跨境电商第三方平台每年会向卖家会员收取一定数额的会员费。例如，2022 年阿里巴巴国际站"出口通"会员的基础服务费用一般是 29 800 元 / 年，中国制造网国际站"金牌会员"服务的基础服务费报价为 31 100 元 / 年。一般来说，只有成为上述平台的付费会员后，卖家才能查看海外买家的关键需求信息。

2. 交易佣金

为了吸引大量中小企业及个人卖家，大多跨境 B2C 和 C2C 平台不会向卖家收取高昂的会员费用，但会根据交易订单的金额向卖家收取一定比例的交易佣金。例如，2022 年速卖通和敦煌网的交易佣金一般是 5%，而 eBay 的交易佣金相对较高，根据产品所在行业和类目的不同，一般向卖家收取 10%。

3. 增值服务费用

平台掌握流量资源，会选择性地采取引流措施，来帮助企业实现产品的推广（站内推广）。例如，速卖通的"直通车""橱窗推荐"等，阿里巴巴国际站的"外贸直通车""橱窗产品""关键词搜索排名"和"顶级展位"等。另外，平台可以利用自身的实力资源为卖家提供金融、技术、人才、培训及认证等方面的增值服务。如阿里巴巴国际站的"网商贷""检测认证平台""阿联招聘"和"阿里通行证"等，其增值服务费则根据企业需要增值项目的内容及平台提供的服务套餐确定，金额可为数万元至十几万元。

4. 其他费用

如在线结算费用和产品刊登费等，速卖通的国际支付宝收取每笔 15 美元的费用。一般来说，在平台上刊登产品是免费的，但有的平台上传产品文字和图片超过一定的数量时，会收取相应的产品刊登费。以 eBay 美国站点为例，2022 年刊登费用从 0.05 ～ 0.3 美元不等，具体费用按照是否订阅店铺以及店铺等级而有差别。

（三）跨境电商第三方平台的优势

与企业自营平台等相比，跨境电商第三方平台一般由实力较强的第三方来投资、管理和运营，其在角色和地位、功能、流量、用户成本及用户效率等方面具有明显的优势。

1. 角色和地位优势

跨境电商第三方平台实际上充当了促成交易达成的中介，并且处于买卖双方之外的第三方、中立公正的地位，一般来说不明显偏袒于买家或卖家，加上平台运营方的知名度和实力容易获得海外买家的信任，能够快速聚集人气，并形成网络流量的"马太效应"。

2. 功能优势

一般来说，跨境电商买卖双方对交易的需求是广泛的，跨境电子商务第三方平台为了吸引大量用户，在功能设计上相对比较完善。买家的商品搜索和浏览、订单制作和支付、后期的反馈和评价等，以及卖家的产品上传和展示、在线沟通洽谈、订单处理、物流服务、在线结算及库存管理等，都可以通过平台提供的相应功能来完成。

3. 流量优势

跨境电商平台之间的竞争，实质上是流量的竞争。一些大型跨境电商第三方平台网站，由于其较高的知名度，每天会有大量的用户直接访问量。除此之外，负责任的第三方平台还会花费巨额的推广费用，来增加网站的知名度和访问量。

4. 用户成本优势

卖家如果想自建平台网站，需要承担高昂的网站开发及维护费用、网站推广及运营费用等。特别是对大多数中小企业来说，自建网站是件"吃力不讨好"的事。虽然大多数跨境电商第三方平台也会向卖家收取一定的费用，但与自建平台的巨额开支相比，第三方平台的收费甚至可以认为是微不足道的。

5. 用户效率优势

一般来说，自建网站需要一个比较长的建设周期，企业自建平台的知名度的上升及流量的积累也需要较长的过程。而通过跨境电子商务第三方平台，卖家只要拥有有竞争力的产品，通过一系列标准化的平台操作，即可快速将自身产品推向全球市场。

三、跨境电商垂直自营平台运营模式

和综合性平台不一样，垂直网站（vertical website）将注意力集中在某些特定的领域或某种特定的需求上，提供有关这个领域或需求的全部深度信息和相关服务。作为互联网的亮点，垂直跨境电商与平台正引起越来越多人的关注。一般认为，垂直平台提供的产品或服务比综合性平台更加专业。和第三方平台不一样，跨境电子商务自营平台是由卖方根据自身的业务特点和发展需要搭建与运营的平台。同时，搭建自营平台一般要求卖家具有较强的行业认知能力和业务拓展能力。跨境电商垂直自营平台运营模式如图 5-7 所示。

图 5-7　跨境电商垂直自营平台运营模式

（一）跨境电商垂直自营平台的概念

随着电子商务网络平台技术的成熟，一些实力强、技术高的外贸企业开始自营跨境电商平台，并将平台的业务重点放在自身专长或资源丰富的行业及品类。例如，2007 年成立的兰亭集势就是一个典型的跨境电商垂直自营平台，该公司将发展重点放在婚纱、家装、3C 产品等业务领域，致力于打造跨境电商垂直自营平台，拥有自己的产品数据仓库和稳定的物流合作伙伴。

国内主要跨境电商垂直自营平台见表 5-1。

表 5-1　国内主要跨境电商垂直自营平台

名　称	成立时间	业务领域	平台优势	盈利模式
兰亭集势	2007 年	服装、电子产品、玩具、饰品、家居用品、体育用品等	集合国内的供应商，向国际市场提供"长尾式采购"模式	自营平台直接向供货商购货，在平台上出售产品，赚取差价
帝科思	2007 年	电子类消费品	低价销售、论坛推广	
米兰网	2008 年	服装服饰	庞大的国际网络外贸销售平台	
Chinavasion	2008 年	消费性电子产品	网络搜索引擎优化手段突出	

（二）跨境电商垂直自营平台的盈利模式

总体来说，跨境电商垂直自营平台的盈利模式就是由平台直接向供货商采购，在平台上出售产品，进而赚取差价。

1. 产品采购成本优势

跨境电商垂直自营平台卖家专注于熟悉的特定产品领域，对产品行业的深度了解以及和供应商的长期合作，再加上这些产品销量规模的提升，给其带来的是产品采购的规模优势。

针对自营平台带来的长期稳定或潜在的销量，供货商会愿意为此提供品质稳定及价格优惠的产品。实际上，平台和供货商之间分享了在专长产品领域销量提升带来的规模效益，这样自营平台能够以更低的成本获得相关产品，而供货商也可以获得更多的利润。

2. 产品销售的溢价优势

由于跨境电商垂直自营卖家专注的是其熟知的特定产品领域，这样其相关领域的产品就会具有一定的特色，或者是质量更好、款式更新、功能更强，更容易取得海外买家的信任，从而取得一定程度的销售溢价。除此之外，卖家还可以将自身产品的特色以网络品牌的形式加以固化，进一步深化网络品牌的内涵，提高买家忠诚度，最终在销售上获得更多的"品牌溢价"。

实质上，跨境电商垂直自营平台打通了产品供货商和海外买家之间的所有环节，形成垂直化的跨境产品供应链体系和分销体系，而在这个供应链体系中，则以跨境电商垂直自营平台的运营为核心，并以自身的节奏从事跨境电子商务的运营。

（三）跨境电商垂直自营平台的优势

目前外贸零售电商平台的技术解决方案比较成熟，对实力较强的外贸企业来说，如果能根据自身外贸业务的特点和发展需要，建设和运营属于自己的跨境电商垂直平台，将具有以下优势。

1. 成本上的节约

成本上的节约是大型外贸企业自建平台的原动力。如果作为第三方跨境电商 B2B 或 B2C 平台的卖家，则需要交纳一定的会员费（往往是交易额的一定比例）。虽然自建平台需要高额的平台搭建、运营和推广等方面的费用，但是当大型外贸企业的目标交易额超过一定的水平之后，通过自建平台反而能获得成本优势。

2. 业务的专业化

跨境电商垂直自营平台往往把业务锁定在自身优势领域范围，关注特定买家群体的需求，所提供的产品和服务更加专业、独特，更能树立企业产品形象，利于卖家打造网络品牌，也可以增加海外顾客购物的黏性。

3. 界面和功能独特

和第三方平台几乎"千篇一律"的网店布局不同的是，自营平台可以根据企业所在的行业和跨境产品定位、产品特点及风格、卖家群体爱好等因素自行确定平台的界面和功能，体现买卖双方的独特性。

4. 自主设定平台推广方案

跨境电商垂直自营平台将自身平台的独立域名、独特的产品定位和风格等进行推广，引来的流量直接访问自己的网站，流量的提升往往意味着订单量的同比例上升。而且，由于买家较高的购物黏性，自营平台的阶段性集中推广还会给站点带来较为持续的后续直接访问量。

四、跨境电商"B2C+O2O"运营模式

（一）跨境电商"B2C+O2O"运营模式的概念

关于 B2C 我们并不陌生，O2O（Online to Offline，线上到线下）的概念最早来源于美国，指将线下的商务机会与互联网结合，让互联网成为线下交易的平台。从广义来说，凡是同时

涉及线上和线下的电子商务模式基本上都可以称为 O2O。

其中，"B2C+O2O"中的"B2C"是指 O2O 模式采取的电子商务的一些做法，例如产品或服务的在线展示和支付，这些线上部分在形式上和 B2C 相似。

"B2C+O2O"中的"O2O"是指对买家线下服务和购物体验较为重视，同时加强对传统零售终端等线下渠道资源的充分利用。

跨境电商"B2C+O2O"运营基本模式如图 5-8 所示。

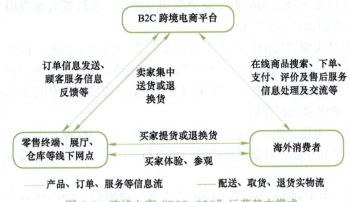

图 5-8　跨境电商"B2C+O2O"运营基本模式

（二）跨境电商"B2C+O2O"盈利模式

跨境电商"B2C+O2O"运营模式由服务平台（卖家）、线下网点、海外买家三方组成，如果运营效果良好，则可以实现三方共赢。

1. 对服务平台而言

跨境电商"B2C+O2O"的平台方，往往也是垂直自营平台卖家，由于消费者可以在 O2O 的零售终端、展厅及仓库等线下网点进行体验及接受服务，因此可以吸引大量的买家，进而可以吸引大量的卖家资源。集聚大量买家及卖家可以让自营平台在商品的交易中直接获利。"B2C+O2O"模式的搭建，使得卖家以最小的投入实现对海外线下网点资源的最大利用，降低了渠道成本，提高了买家的线下使用体验，进而可以增加销量。由于特定细分市场领域的订单交易较为集中，及海外线下网点的支持，可以实现跨境物流的规模化运作、加快商品的投递速度等。因为拥有了特定海外消费者的流量资源，第三方跨境 B2C 平台也可以为其 O2O 卖家提供各种增值服务来获得利润。

2. 对线下网点而言

O2O 模式利用了很多卖家或商家的线下资源，如连锁专卖店、零售超市、产品展厅等网点资源。这些线下网点资源的商家可以在 O2O 模式的发展中增加销量。首先，线下网点商家收集的消费者购买数据，在很大程度上可以帮助线上平台了解消费者的需求，进而做到精准营销。其次，线下服务网点，实际上也可以充当卖家，在 O2O 平台上出售产品，增加利润。再次，通过线上资源增加的顾客流，也会给线下网点的商家带来更多的销量。最后，对传统线下卖家而言，在选址上可以避开繁华商业区，降低场地成本。

3. 对海外买家而言

借助线下网点，海外买家可以在跨境电商"B2C+O2O"上方便快速地查找和对比符合其需要的产品，可以在平台上快速地下单和完成支付。在下单之前，买家可以获得商品实物的试用体验；下单后可以更快捷地拿到商品；在产品的使用过程中，可以在线下网点中获得指导及退换货等售后服务。

（三）跨境电商"B2C+O2O"模式的优势

跨境电商"B2C+O2O"模式最大的优势来自其线上及线下业务的完美整合，具体来说，主要有以下几点：

（1）由于对传统线下网络和渠道的充分利用与整合，在较低成本费用下，跨境电商卖家可以利用线下资源提高产品的销量。

（2）下单前海外买家可以通过线下渠道体验产品的用途和性能，也可以通过网络的搜索比对，在线加深对产品的了解，还可以快捷地完成网络订单的制作和支付，而且还可以通过线下接受全面、优质的售后服务。买家可以及时了解和掌握产品的促销信息，避免由于信息不对称而购买到价格虚高的商品。

（3）与传统渠道销售相比，通过在线平台的数据收集和整理，卖家可以对海外买家的需求进行全面的评估和预测，对渠道推广的效果进行更为直观的评价和反馈，减少传统营销活动效果的不可控性。

（4）跨境电商"B2C+O2O"模式中的线下实体，可以将"B2C+O2O"引来的客流转化为自己的顾客，增加自身产品或服务的销量，进而获得利润。

（5）在物流运作方面，由于线上及线下垂直运营，特定产品领域的销量提升带来物流运作效率的提升，进而实现物流的规模化运作，降低物流成本的同时提高产品的配送效率。

五、自营 B2C 进口模式

（一）自营 B2C 进口平台分类

根据涉足的产品领域的广度和深度的不同，自营 B2C 进口平台可以分为综合型和垂直型两种。

1. 综合型自营 B2C 进口平台

综合型自营 B2C 平台往往由第三方跨境电商平台涉足自营业务转化而来，产品领域相对较广，可供进口的种类也更加丰富。代表性平台是亚马逊。亚马逊落户上海自贸区开展进口电商业务，它所出售的商品将以保税进口或者海外直邮的方式入境。

2. 垂直型自营 B2C 进口平台

和综合型平台不一样，垂直型自营 B2C 进口平台在选择自营产品时会更加集中于某个特定的产品领域，如母婴用品、食品、化妆品、服装及奢侈品等。代表性平台有中粮我买网（食品）、蜜芽宝贝（母婴）、寺库网（奢侈品）、莎莎网（化妆品）等。

（二）自营 B2C 进口平台的运作

1. 综合型自营 B2C 进口平台的运作

以亚马逊为例，亚马逊的自营进口业务基本可分为"海外购"和"海外直采 + 自贸区保税仓"两大块。亚马逊的自营进口业务是一套"长短拳"的组合，"海外购"可以带来丰富多样的选品，有巨大的长尾在，能够满足用户对品类多的需求，构建的是供应链和选品的宽度。"海外直采＋自贸区保税仓"带来的是销售流转率高、购买频次高的产品，满足了用户对品类快的需求，构建的是供应链和选品的深度。

其中，这里所谓的"长尾"，就是指每种产品的销量并不是很大，但种类繁多，累计的销量可以达到一个巨大的规模。针对这类产品，亚马逊采用的是"海外购"的模式；而对于那些单品销量大、购买频次高的产品，如母婴产品、日常消费品等，则采用"海外直采＋自贸区保税仓"的方式。

2. 垂直型自营 B2C 进口平台的运作

以 2014 年 3 月上线的自营 B2C 进口母婴零售电商蜜芽宝贝为例，蜜芽宝贝以"闪购特卖"的方式切入进口母婴产品市场。蜜芽宝贝率先普及纸尿裤"正品行货"概念，100％正品是基本承诺。蜜芽宝贝遵循高档商场的采购准则，向品牌方、总代理直接采购，供应链管理严谨，为宝宝们把好第一道关。蜜芽宝贝专注于特定产品领域，即母婴产品，通过与各供货商的深度合作和对质量的严加把控，以 100％正品的承诺来吸引国内更多的买家。

（三）自营 B2C 进口平台的优势

1. 对供应链的整合能力

综合型自营平台依托其知名度和平台实力，大量品牌供应商纷纷按照平台的规则入驻，进而提高平台供应链整合能力；而垂直型自营平台则在特定的产品领域建立了用户口碑，加入平台方相应产品领域深耕，取得供应商的信任，也形成了较强的供应链管理能力。

2. 对产品"正品"的保证

有了大量供货商及相关领域品牌供应商的入驻和合作，自营 B2C 进口平台在货源上可以得到保证，进而平台方可以宣称产品 100％正品，树立良好的品牌形象。

3. 较为完善的物流解决方案

由于商品销量总体较大，综合型或垂直型自营平台往往容易和物流企业形成深度合作，开展仓储及配送节点等方面的物流布局，物流配送效率更高，客户体验也更好。

（四）自营 B2C 进口平台面临的问题

事实上，跨境自营进口平台上述优势的取得，往往需要国内外政策上的支持、供应链及品牌运营上的到位，但实际上在有些关键的环节有较多平台方不可控的因素，再加上跨境电商发展趋势的变化，自营 B2C 进口平台的运营可能面临以下主要问题：

1. 政策的波动风险

综合型或垂直型自营 B2C 进口平台在供应链及海外物流领域布局，往往需要相关国家产业政策及开放政策的支持。相关政策可能基于多种因素而发生变化，而这方面的布局往往需要较大的资金投入，因此平台方可能会由于政策上的误判而产生风险。尤其是针对进口跨境电子商务这块，自营 B2C 进口平台会比较关注国内保税区（自贸区）、电子商务及关税等相关的政策变化。

2. 对跨境供应链的把控

自营平台的有效运营，需要采购、仓储、快递及通关等各个环节的有效配合及自营方对这些环节的把控。而上述各环节的具体操作均由相关合作方掌控，自营方对这些环节的把控能力，受到与合作方关系好坏的影响。因此，自营方往往需要评估上述各环节中的潜在风险，充分利用有利因素，并对可控环节进行优化。

3. 品牌形象的打造

目前，能够真正让国内消费者普遍认同的自营 B2C 进口平台较少，因此如何通过良好的正品品牌形象及良好的用户体验确立平台的地位是跨境自营平台首先需要考虑的重要问题，针对国内对国外品牌商品的巨大需求，"100%自营正品"往往是基于平台方的宣称或定位，能否真正做到这一点，以形成良好的品牌形象，需要自营方在上述跨境供应链领域的深耕及把控，并在此基础上配合以口碑传播和营销。

4. 跨境进口电商的发展变化

对跨境电商自营 B2C 进口平台影响最大的是电商的移动化和社交化。国外品牌产品的用户群体是移动电商及移动社交网络的最为活跃的主体。因此，在发展国内 PC 端用户的基础上，如何在移动端实现有效布局，争取更大的流量以及如何通过移动社交网络争取更多的高黏性用户是自营平台需要解决的另一个重要问题。

学习园地

亚马逊"封店"事件警示中国跨境电商

据深圳市跨境电子商务协会统计，2021 年 5 月至 8 月，亚马逊平台上被封店的中国卖家超过 5 万家，已造成行业损失金额预估超千亿元。咨询公司 Marketplace。Pulse 公布的数据显示，在亚马逊上的中国卖家中，深圳卖家占了近 32%。据悉，深圳电商行业在此次封店风波中受损最为严重。其中，损失最严重的是位于深圳的跨境电商"有棵树"，其 340 个站点被封、1.3 亿元资金被冻结。

亚马逊网站作为美国电商中的佼佼者，也是世界上最大的电商平台。中国电商卖家 2016 年仅占亚马逊的一成，但到 2020 年为止，中国卖家已占据亚马逊电商卖家的半壁江山，总数超过 47.9%。业内人士认为，中国电商在亚马逊平台上攻城略地的发展趋势，引起亚马逊对整体电商生态发展的警觉，并对网上卖家行为进行大刀阔斧的监管和整治。

2021 年 5 月以来，亚马逊利用《卖家行为准则》等格式条款，掀起一波"封店潮"，对其平台上的 5 万家中国卖家进行了封店，不少主营跨境电商的中国企业受到了很大影响。7 月初，亚马逊第二任首席执行官履新，为"封店"事件推波助澜，再加上错综复杂的中外贸易局面，亚马逊封杀卖家账号的情况没有缓和的迹象，包括中国卖家在内的企业、商家即便拥有再多的账号、再多的店，也会因为关联问题而同时遭到封杀。

对于此次大规模的"封店"事件，亚马逊给出的回答是，这些被封号的店铺存在"操纵用户评论行为"。简单来说，就是这些店铺刷单了，有很多"虚假评论"。业内人士指出，国内一些卖家确实存在没有严格遵守亚马逊规则的问题，但是亚马逊既是裁判员又是运动员，亚马逊基于自身的平台规则封杀中国卖家，也涉及规则本身是否明晰、公允，亚马逊在执行规则时是否选择性执法等问题。

可以预见，随着跨境电商监管进一步趋严，我国跨境电商行业将经历阵痛。此次亚马逊"封店"事件对我国跨境电商有警示作用。首先，我国跨境电商企业要熟悉以亚马逊为代表的第三方电商平台的监管规则和国际经贸规则，在物流、仓储、消费者服务等方面要严格按照监管要求合规经营。其次，我国跨境电商企业要有底线思维，加快自建独立站，而不仅仅是依赖第三方平台，这样可以打造自主品牌，避免平台规则制约等。

单元二　跨境电商平台主要推广工具

网上推广是跨境电商运营的一项重要内容，相比传统营销推广，一系列跨境网络推广工具和方法的应用是跨境电子商务推广的重要特点。

基本上每个跨境电商平台都会提供较为丰富的站内推广工具，本单元以速卖通为例，主要介绍跨境电商平台一些常用的站内推广方法和工具。

登录速卖通卖家后台，可以看到营销活动主要有"平台活动"和"店铺活动"，其中"店铺活动"包括"单品折扣""满减活动""店铺code""互动活动"，如图5-9所示。

图5-9　速卖通平台营销活动设置界面

一、店铺自主营销

在图5-9中，"单品折扣""满减活动""店铺code""互动活动"四个营销活动由卖家自主设定，一般被称为"店铺自主营销"工具。

卖家可以在后台学习店铺活动教程，查看每一项活动资源的个数和时长。

（一）单品折扣

1. 单品折扣的定义

单品折扣是平台免费为卖家提供的折扣工具，卖家可以通过设置不同的折扣力度来推新品、造爆品、清库存。一般来说，无论是在国内还是国外，线上还是线下，有折扣的商品通常会比没有折扣的商品更有优势。

快速入口

单品折扣
单品级打折，商品成交转化提升利器。

创建 我的活动列表

图 5-10 "单品折扣"活动创建

2. 单品折扣的设置方法

（1）活动创建。登录速卖通卖家后台，通过选择"我的速卖通"—"营销活动"—"店铺活动"，即可进入"店铺活动"页面。单击"单品折扣"选项下方的"创建"按钮即可创建活动，如图5-10所示。

（2）活动基本信息设置。进入创建活动页面，填写活动名称，设置活动开始和结束时间，单击"提交"，即完成"单品折扣"活动基本信息设置，如图5-11所示。

图 5-11 "单品折扣"活动基本信息设置

（3）设置优惠信息。单击"提交"后进入设置优惠信息界面。在此页面可单击"选择商品"选择部分或者全部商品参与活动，也可以"按照营销分组设置折扣"，还可以"批量导入"；可筛选"全部已选商品"和"未设置优惠商品"，支持商品ID搜索。支持批量设置折扣、批量设置限购和批量删除，如图5-12所示。

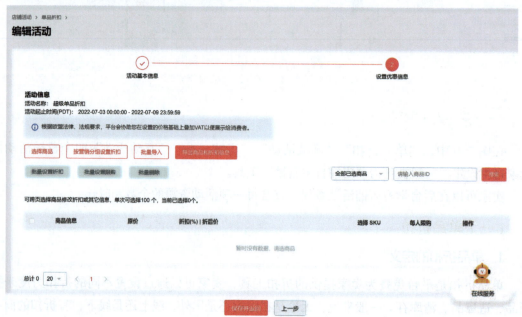

图 5-12 设置优惠信息界面

　　选择好商品后就可以开始设置折扣。单击"点此设置"进入"设置折扣"页面，填写"全站折扣"，"定向人群额外折扣"为选填项，单击"提交"即完成单品折扣设置，如图5-13～图5-15所示。

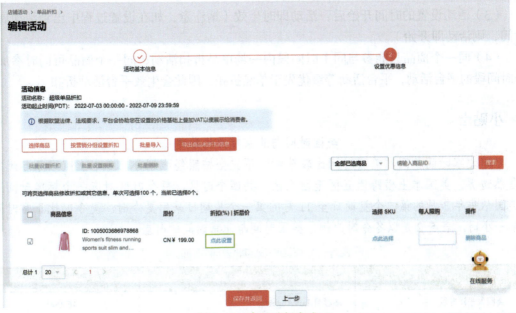

图5-13　商品选择完成

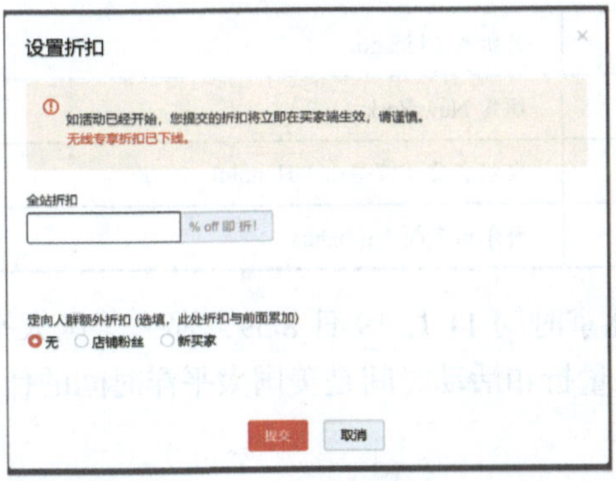

图5-14　设置折扣

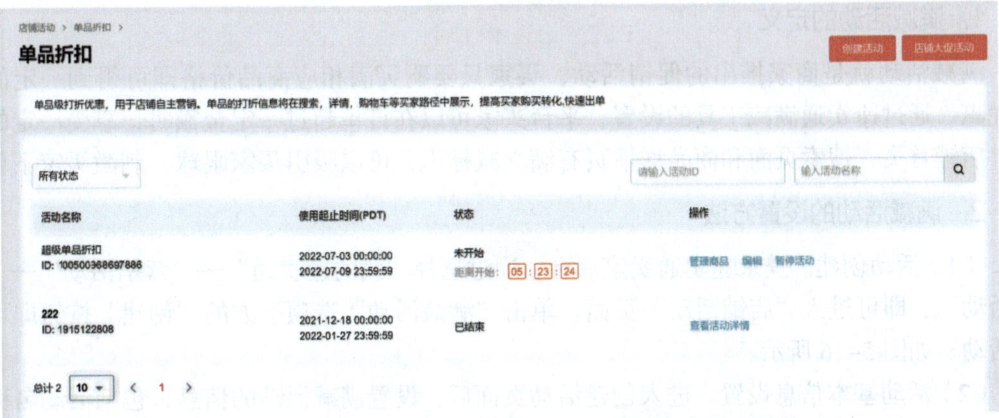

图5-15　"单品折扣"活动设置完成

3. 注意事项

（1）活动名称最长不超过 32 个字符。

（2）活动起止时间为美国太平洋时间。

（3）活动设置的时间开始后，活动即时生效（请注意，如在设置过程中已到活动展示时间，则活动即开始）。

（4）同一个商品只能参与同个时间段内一场单品折扣活动；同一个商品可同时参加同个时间段的平台活动，平台活动等级优先于单品折扣，因此会生效平台活动折扣。

> ▶ **小贴士**
>
> #### 美国时间与北京时间的时差
>
> 与北京时间不同，美国时间比较精细，不完全按照经线划分，基本上照顾了各州的自然边界。美国本土横跨西五区至西八区，共四个时区，每个时区对应一个标准时间。美国从每年 3 月的第二个星期日至 11 月的第一个星期日采用夏令时，夏令时比正常时间早一小时。表 5-2 是以冬令时为例，美国时间与北京时间的时差。
>
> 表 5-2 美国时间与北京时间的时差
>
> | 时 区 | 代 表 城 市 | 时 差 |
> | --- | --- | --- |
> | 美国太平洋时区 | 洛杉矶 Los Angeles | 16 小时 |
> | 美国山地时区 | 盐湖城 Salt Lake City | 15 小时 |
> | 美国中部时区 | 芝加哥 Chicago | 14 小时 |
> | 美国东部时区 | 纽约 New York | 13 小时 |
> | 美国夏威夷时区 | 火奴鲁鲁（檀香山）Honolulu | 18 小时 |
> | 美国阿拉斯加时区 | 费尔班克斯 Fairbanks | 17 小时 |
>
> **思考：** 假设现在是北京时间 11 月 19 日 8:59，那么美国太平洋时间是什么时候？现在能设置的最早的限时限量折扣活动时间是美国太平洋时间的什么时候？

（二）满减活动

1. 满减活动的定义

满减活动就是商家推出的促销活动，买家只要购买满相应商品价格即可得到一定的价格优惠。通过速卖通满减工具的设置，平台买家可以在订单超过一定金额时，享受一定的优惠。店铺首页、搜索页面和商品详情页有满立减标识，可以吸引买家眼球，刺激买家下单。

2. 满减活动的设置方法

（1）活动创建。登录速卖通卖家后台，通过选择"我的速卖通"—"营销活动"—"店铺活动"，即可进入"店铺活动"页面。单击"满减活动"选项下方的"创建"按钮即可创建活动，如图 5-16 所示。

（2）活动基本信息设置。进入创建活动页面后，设置满减活动的信息，包括活动名称、活动起止时间、活动类型与活动详情。满减活动包括满立减、满件折、满包邮三种类型，可在其中任选一种。在设置满减活动促销规则时，可选择多个条件梯度，设置完成后，单击"提交"，即完成满减活动基本信息设置，如图 5-17 所示。

图 5-16　"满减活动"活动创建

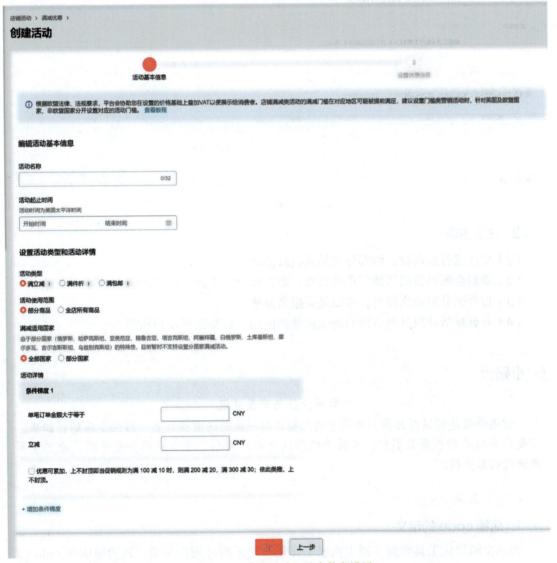

图 5-17　"满减活动"基本信息设置

（3）设置优惠信息。单击"提交"后进入设置优惠信息界面。在此页面可单击"选择商品"选择部分或者全部商品参与活动，也可以选择"批量导入"，如图 5-18 所示。

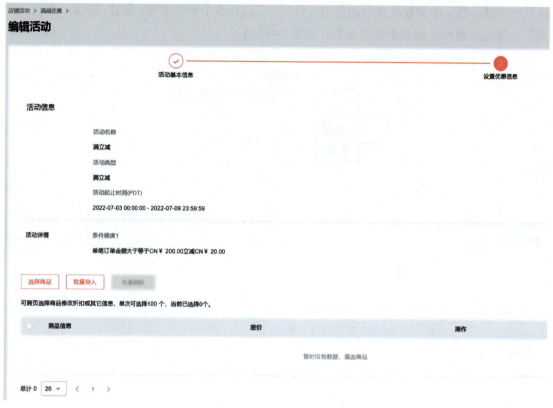

图 5-18　设置优惠信息界面

3. 注意事项

（1）要注意打造爆款，给部分商品做满减活动。

（2）满减金额可根据店铺客单价设置，如客单价 8 美元，可设置满 10 美元再减免。

（3）按营销分组提交报名，可以提高报名效率。

（4）若满减活动跟其他店铺活动优惠叠加使用，需要注意控制利润。

> **小贴士**
>
> **营销分组与商品分组**
>
> 　　营销分组是指以商品折扣为依据的分组，同一组别的商品设置一样的全店铺折扣率。而商品分组是指以商品类别、名称为依据的分组，有利于卖家进行分类管理，也方便买家进行商品查找。

（三）店铺 code

1. 店铺 code 的定义

为减少同质化工具数量，减少商家工作量及贴近海外用户习惯，速卖通店铺 code（新版）沉淀原有店铺优惠券和店铺优惠码共同优势，同时对原有链路进行简化和升级，如活动生效周期更快、操作界面更加简洁等，将原店铺优惠券和店铺优惠码合二为一，升级为店铺 code（新版）。

2. 店铺 code 的设置方法

（1）活动创建。登录速卖通卖家后台，通过选择"我的速卖通"—"营销活动"—"店铺活动"，即可进入"店铺活动"页面。单击"店铺 code"选项下方的"创建"按钮即可创建活动，如图 5-19 所示。

店铺code（新版）
店铺转化提升利器、推广引流高效工具，支持店铺内展示和站外推广。

图 5-19　"店铺 code"活动创建

（2）优惠及投放设置。进入"创建店铺 code"界面进行优惠及投放设置，如图 5-20 所示。单击"创建"即可完成优惠及投放设置，结果如图 5-21 所示。

图 5-20　"店铺 code"优惠及投放设置

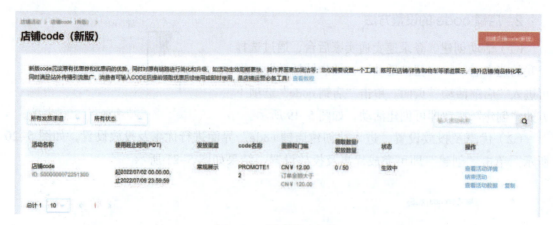

图 5-21　活动设置完成

在优惠设置中的 code 类型分为可传播型和不可传播型，二者的区别如图 5-22 所示。

图 5-22　两种 code 类型的区别

（四）互动活动

卖家可设置"翻牌子""打泡泡""收藏有礼"三种互动活动，其中活动时间、买家互动次数和奖品都是卖家可自行设置的，设置互动活动后可快速吸引流量到店。

图 5-23　"翻牌子"和"打泡泡"
　　　　　　互动活动

"翻牌子"是一种九宫格互动活动，有 8 张牌对应 8 个不同的奖励，买家可以通过点击不同的牌获取不同的奖品，其中的奖励由卖家自行设置（可以有空奖），一个买家一次只能点击一张牌。一个买家一天可以玩的次数由卖家自行设置。"打泡泡"是一种买家射箭击破泡泡的互动活动，每个游戏有 18 个泡泡，其中的奖励由卖家自行设置（可以有空奖），买家一局游戏只能互动一次。一个买家一天可以玩的次数由卖家自行设置。

"翻牌子"和"打泡泡"互动活动如图 5-23 所示。

互动活动设置分"活动创建""设置活动条件""奖品设置，提交确认"三个步骤。

一般，系统会默认有一个空奖，当店铺的奖励发放完毕时发给买家空奖。卖家可自行设置奖励，店铺优惠券的设置需要与店铺互动活动相符。

二、速卖通直通车

与以上四种免费店铺自主营销工具不同的是，速卖通直通车是一种基于平台竞价的收费推广工具。与店铺自主营销相比，直通车的推广效果更快、更直接、更精准。

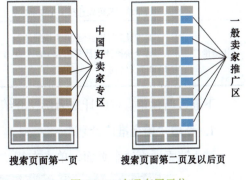

速卖通直通车

（一）速卖通直通车的定义

直通车是速卖通平台的会员通过自主设置多维度关键词免费展示商品信息，并通过大量曝光商品来吸引潜在买家，按照点击付费（只有当买家点击商品进入详情页时才会进行扣费）的推广方式。速卖通直通车是一种精准投放的营销工具，具有关键词海量选择、多维度曝光商品、全面覆盖潜在买家三大优势。

卖家进行直通车关键词设置，可以实现以下目的。

1. 将产品显示于特定的展示位

速卖通直通车的展示位置中，第一页为直通车中国好卖家专区（中国好卖家专区：第一页主搜第 12、20、28、36、44 位，共 5 个推广区）；普通卖家只能从第二页开始展示（一般卖家推广区：第二页起主搜第 8、16、24、32、40、48 位，共 6 个推广区），中国好卖家也同样可以竞争其他页面展示位；相关度不足的产品在底部进行展示。直通车展示位如图 5-24 所示。

图 5-24　直通车展示位

例如，通过卖家对"Shirt"关键词的直通车设置，买家在速卖通平台对"Shirt"进行搜索时，在搜索结果的第一页或前几页的右侧或底部会找到卖家出售"Shirt"的图片和链接，如图 5-25 所示。

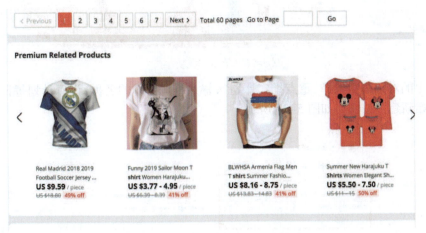

图 5-25　速卖通搜索页底部"Shirt"关键词直通车展示位

2. 提高产品点击量

由于直通车的产品在以上位置展现出来，这就很容易被买家通过关键词搜索的方式发现，进而能够提高商品的点击量。

3. 提高商品销量

有了较高的点击量，若价格合适，就会刺激买家下单。另外，如果商品特点明显，或者商品价格具有明显优势，再加上卖家其他营销工具的运用，商品的销量就会得到迅速提升，甚至可能成为爆款。

（二）开通速卖通直通车

直通车推广计划主要有重点推广和快捷推广两种，前者为打造爆款设置，后者则为方便选品而设置。这两种推广计划的特点及适用商品情形见表 5-3。

表 5-3　直通车推广计划的特点及适用商品情形

推广计划分类	特　　点	目　　的	适　合　商　品
重点推广	·卖家最多可以创建 10 个重点计划 ·每个重点计划最多包含 100 个单元 ·每个单元只可以选择 1 个商品	集中火力，重点打造爆款	·新品打造爆款 ·老品、活动品推广
快捷推广	·卖家最多可以创建 30 个快捷计划 ·每个快捷计划最多包含 100 个商品、20 000 个关键词	海量引流，做高性价比商品	·相似商品较多，无法确定应该选择哪一款作为主推商品 ·参加平台大促、直通车专属活动为店铺整体引流

下面以新建重点推广计划为例，介绍如何开通直通车。

1. 新建"重点推广计划"

进入速卖通直通车页面，单击左侧"我要推广"按钮，如图 5-26 所示。

图 5-26　单击"我要推广"

在弹出的对话框中选择"重点推广计划"，输入推广计划的名称，设置计划每日消耗上限，单击"开始新建"按钮，如图 5-27 所示。

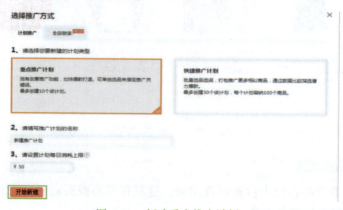

图 5-27　新建重点推广计划

2. 选择要推广的商品

在"选择商品"对话框中，系统会按照卖家的商品列出所有可以推广的商品。选择想要推广的商品（每个单元只允许添加1个商品），然后单击"下一步"，如图5-28所示。

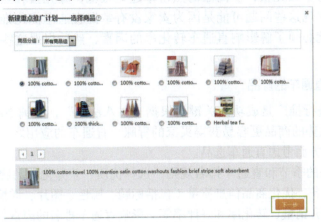

图 5-28　选择推广商品

3. 选择关键词，设置价格

根据推广的商品，系统会自动为卖家推荐一批适合推广的关键词。卖家可以根据关键词的推广评分、30天搜索热度、竞争度及市场平均价等指标，结合产品自身特点和推广需求选择关键词。选中关键词后，单击"添加"，即可成功添加关键词，然后设置价格，如图5-29所示。单击"下一步"，此时，重点推广计划创建完成，如图5-30所示。

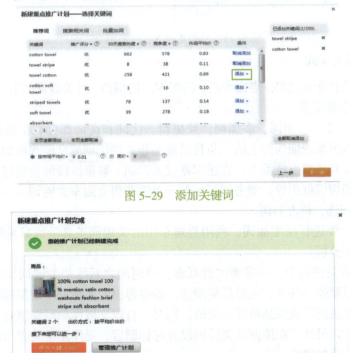

图 5-29　添加关键词

图 5-30　重点推广计划创建完成

（三）如何提高直通车转化率

在直通车推广过程中，不少卖家会陷入收效甚微的困境：开通了直通车，但商品还是没有曝光量；有了曝光量，但商品的点击率还是很低；曝光量和点击率都有了，却没有转化率。如果出现这些问题可能是因为卖家没有掌握直通车优化推广的技巧。要想做好直通车推广，就必须了解影响直通车转化率的因素，然后根据这些因素有针对性地进行重点优化。

1. 选择适合直通车的产品

选对的商品进行推广是成功的关键。根据"二八法则"，店铺 20% 的商品可以带来80% 的流量，有优势的商品更容易获得买家的青睐。直通车的应用之一就是打造爆款，因此可以从以下几个方面考虑直通车选品。

根据目标市场的季节和直通车排名规则，选择优质、差异化的品牌商品进行打造。至少提前一个月做准备，优化商品信息质量（包括标题、属性、图片、详情描述、价格分级和运费等），进而提升销量、转化率和好评率等。影响直通车排名的因素如图 5-31 所示。

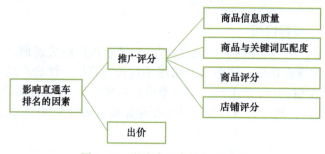

图 5-31　影响直通车排名的因素

2. 合理选择关键词

关键词应该选择曝光度高、点击率高、匹配度高的词语，且关键词的选择需要分步进行。

（1）关键词全量覆盖。

在第一阶段，可以广加词、多加词、勤更新。优词和良词都有利于商品获得更多的曝光机会，所以可以将系统能匹配上的、与自己商品相关的优词或良词都添加上。卖家可以通过直通车关键词工具（重点推荐）、直通车系统推荐词、数据纵横的搜索词分析、速卖通顶部导航栏、速卖通搜索框引导、参考同行标题等渠道获得直通车关键词。

（2）关键词筛选，精准加词。

在第二阶段，要进行精准加词，利用直通车中的关键词工具及数据纵横中的搜索词分析进行关键词效果分析。

在设置的众多关键词中，一定要注意观察一段时间之后哪些关键词与商品关系不大或点击量过少，可以删掉一部分。经过反复筛选，最终得出的关键词一定是最准确、最能吸引潜在买家的，也是最能反映商品特征的词语。同时，自定义属性填写完整后，也要与商品的主关键词有结合性。另外，在按商品关键词设置好标题后，要注意主关键词的位置，将主关键词前置有利于商品的曝光。

（3）提升关键词与商品的相关性。

要提升所选关键词与推广商品的相关性，需注意两个问题：

1）提升关键词与商品名称描述的相关程度。

2）提升关键词与商品类目及属性的匹配程度。

3. 巧妙设置标题

准确、优质的标题能够提高关键词的推广评分，提高商品的点击率，所以在设置商品标题时要掌握以下技巧。

（1）符合语法规范。

标题要符合英文语法规范，语法不要太复杂，以降低系统理解的难度。描述性的词要放在核心词前面，表示功能性特征的词要放在"with"的后面。

（2）标题和商品属性紧密联系。

卖家可以在后台的商品属性中看到自己商品属性的填写完整度，应尽量将商品属性填写完整。注意商品属性、自定义属性、标题、更多关键词要结合主关键词进行设置。

（3）标题长短适当。

由于直通车展示位无法完整展示整个标题，因此标题既不能太长，也不能太短，表示商品重要属性、买家关注点和卖点的关键词尽量放在前面。

（4）谨慎使用"Free Shipping"。

如果店铺设置了全球免邮，可以在标题中出现"Free Shipping"字样。但是，如果店铺只是对某国家或地区免邮，最好不要在标题中出现"Free Shipping"字样，以免被判定为"运费作弊"，导致在直通车推广时无法匹配。

4. 保证商品图片的质量

商品图片要清晰、美观，让买家一眼就能看清商品，这样才能激发买家的购买欲望。在直通车推广中，商品图片的设计要注意以下几点。

（1）商品图片要整齐、简洁。

最好只放一张商品照片，力求让买家在看到图片的一瞬间就被吸引并产生好感。放置过多的商品照片会让图片看起来显得非常杂乱，从而分散买家的注意力，让其找不到重点。

（2）完整、清晰地展示商品。

要让商品图片充满整个展示区域，这样才能让买家在浏览时看清图片中商品的大致款式和效果。如果图片太小，商品就会模糊不清，买家无法看清商品的细节，就会失去兴趣，增加跳失率，进而增加直通车的推广费用。

（3）不要在图片中添加商品细节。

直通车的图片展示区域相当有限，这个位置的图片要能够展现商品的整体形象，而不是要展现商品的细节。如果将商品的细节图片一起放进直通车的推广位，会让展示效果显得非常杂乱，没有美感。

（4）图片背景要简单，不能喧宾夺主。

图片背景是为了衬托主图，所以背景颜色要与商品颜色有所差别，背景要简单一些，以免喧宾夺主，影响商品的展示效果。

三、平台活动

（一）平台活动的定义

平台活动由平台组织、卖家参与，以促进销售为主要目的，在某个时段或特定节假日，整合相关资源，利用专门设立的特定频道进行推广活动，或是给予卖家特殊的推广渠道资源。它能快速为店铺带来大量的流量和曝光，而且转化率较高，是店铺营销的利器之一。目前，速卖通的平台活动主要有以下四类。

1. 非好卖家日常平台活动

非好卖家日常平台活动包括新版 Flash Deals（普货）、俄罗斯团购和其他日常主题活动等，如图 5-32、图 5-33 所示。

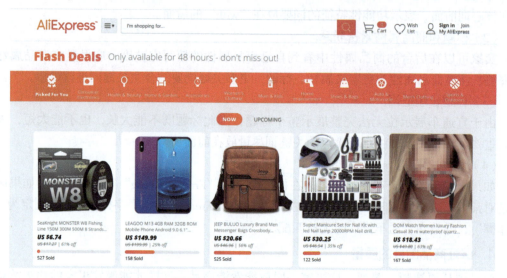

图 5-32　新版 Flash Deals 首页

图 5-33　俄罗斯团购首页

2. 好卖家日常平台活动

好卖家日常平台活动包括无限金币兑换、全球试用、新版 Flash Deals（核心商家尖货）等。

3. 俄罗斯品牌团

速卖通上的俄罗斯 Tmall 相当于俄罗斯版的天猫，俄罗斯品牌团只有俄罗斯精品馆商家才可以参加。

4．大促活动

平台大促活动包括年初的周年庆大促、年中大促、年底"双十一"大促。除了每年三场大规模的大促外，平台还依托节日进行促销，如春节、情人节、黑色星期五等。

（二）平台活动报名

每一期的平台活动招商中，符合条件的卖家都可以自主选择报名。卖家可以在卖家后台"营销活动"板块下的"平台活动"一栏中查找各类平台活动及规则，找到符合要求的活动，并进行报名，如图 5-34 ～图 5-36 所示。

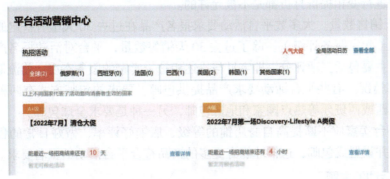

图 5-34　平台活动

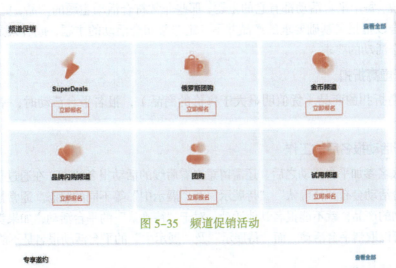

图 5-35　频道促销活动

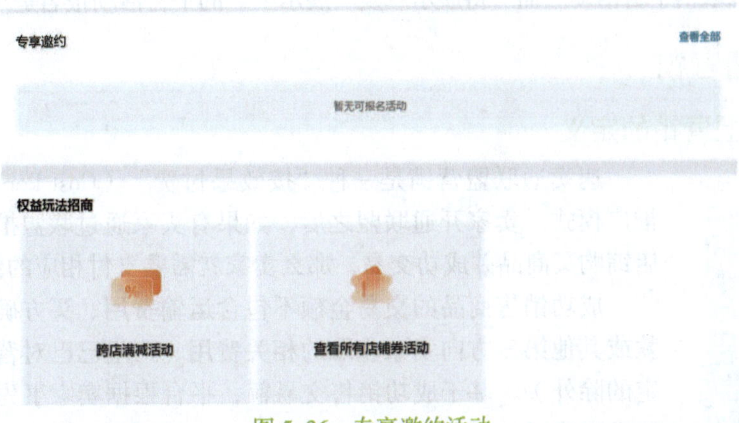

图 5-36　专享邀约活动

（三）平台活动注意事项

报名参加平台活动，应注意以下事项：

1. 关注活动报名的基础条件

（1）店铺等级。一般平台活动都会对店铺等级有所要求，如 2 勋章以上或 1 钻以上等。

（2）店铺好评率。如很多平台活动一般要求店铺的好评率保持在 90% 以上。

（3）折扣。平台活动要求报名产品提供较高的折扣，一般要求为 35%～50%。这里的折扣是指包括运费在内的真实折扣，活动报名之前提价再通过活动打折，或者通过修改运费模板增加运费进行变相提价打折都是不被允许的。

（4）30 天销售数量。大多数平台活动要求报名产品在过去 30 天里有一定的销售数量。

（5）DSR（卖家服务评级）。除了过去 30 天销售数量，平台对活动报名产品买家的反馈也有要求，主要包括三项评分，即宝贝与描述相符、卖家的服务态度、物流服务的质量。

（6）包邮情况。有些平台活动要求产品提供包邮，要求的包邮方式有两种：一种是针对俄罗斯、巴西或西班牙等热点国家和地区包邮，另一种是要求全球包邮。

因此，平台卖家应不断提高自身店铺的等级、店铺好评率，做好日常的售后服务，不断推出新品，并设置成包邮，这样才能有更多的产品符合平台活动的报名要求。

2. 关注活动的主题

一般来说，每个平台活动都有它的主题，那些非常符合活动主题的产品，更容易被选上。但需注意符合以上报名基础要求的产品并不一定非常切合活动的主题，或者只是在报名时行业类目上符合活动的要求。

3. 关于虚高折扣

一些虚高折扣的商品（货值明显大于售价的商品），报名平台活动时，平台审核时往往不能通过。

4. 关于活动报名后的工作

卖家在报名参加平台活动之后，还需留意查看后续的活动报名状态，在通过平台审核后，所报名的平台活动会有"待确认""待展示"及"展示中"等不同的状态。通常情况下，报名一个平台活动的产品，就不能报名其他活动。对于"待确认"的平台活动，如果卖家觉得折扣过高等，则可以取消平台活动。而"待展示"及"展示中"的平台活动报名是不能取消的。

四、联盟营销

（一）联盟营销的定义

联盟营销

速卖通联盟营销是一种"按效果付费"（Cost Per Sale，CPS）的推广模式。卖家开通联盟之后，如果有买家通过联盟推广的链接进入店铺购买商品并成功交易，那么卖家就需要支付相应的佣金。

成功销售商品的交易金额不包含运输费用、买方确认付款前的退款或其他第三方向卖家收取的相关费用（阿里巴巴对营销服务另有规定的除外）。基于成功销售交易额，平台根据卖家事先设定的比例收取推广费用。

（二）联盟营销的优势

1. 海量曝光

加入速卖通联盟计划后，商品除在现有的渠道进行曝光外，还会在速卖通的联盟专属频道得到额外曝光，站外会得到海量联盟流量。海外联盟给速卖通平台带来数十亿次的网络曝光，并且实现 PC 端和移动端的全覆盖。

2. 全球覆盖

速卖通联盟营销覆盖全球上百个国家和地区及数十亿的海外买家。

3. 按效果付费

参与联盟营销的卖家，只需为联盟网站带来的成交订单支付联盟佣金。即成交付费，不成交不付费。

（三）联盟营销的设置方法

1. 加入联盟计划

进入速卖通后台的"营销活动"板块，单击"联盟首页"，阅读并同意协议即可加入联盟计划，如图 5-37 所示。

图 5-37　加入联盟计划

2. 设置联盟佣金

每个行业的联盟佣金设置标准各有不同。不同行业默认的佣金比例不同，有些类目佣金为订单金额的 8%，有些为订单金额的 5%，见表 5-4。在加入联盟营销后，卖家可以在平台规定的 3% ～ 50% 的范围内自由设定联盟佣金比例。

表 5-4　速卖通类目佣金比率设置范围（节选）

类　目		佣 金 比 例
Special Category		8%
Home Appliances		5%
Office&School Supplies		8%
Beauty&Health		8%
Phones&Telecommunications	Mobile Phones	5%
	Mobile Phone LCDs	5%
	其他类目	8%
Tools	Garden Tools	5%
	Measurement&Analysis Instruments	5%
	Power Tools	5%
	Tool Sets	5%
	其他类目	8%
Furniture		5%
Apparel Accessories		8%
Computer&Office	Office Electronics	5%
	Tablets	5%
	External Storage	5%
	Computer Peripherals	5%
	Computer Components	5%
	Desktops	5%
	KVM Switches	5%
	Computer Cleaners	5%
	Software	5%
	DIY Computer	5%
	其他类目	8%
Sports&Entertainment	Sneakers	5%
	其他类目	8%
Women's Clothing		8%
Weddings&Events		5%
Hair Extensions&Wigs		10%
Underwear		8%
Apparel&Accessories		8%
Security&Protection		5%
Automobiles&Motorcycles	Engine Oil	5%
	Tires	5%
	Motorcycle Engine Oil	5%
	Motorcycle Tires&Wheels	5%
	其他类目	8%
Shoes		5%
Electronic Components&Supplies		8%
Men's Clothing		8%

（续）

类　目		佣金比例
Consumer Electronics	Portable Audio&Video	5%
	Camera&Photo	5%
	Accessories&Parts	5%
	Home Audio&Video Equipments	5%
	Smart Electronics	5%
	其他类目	8%
Mother&Kids		8%
Luggage&Bags		8%
Lights&Lighting		8%
Watches		8%
Toys&Hobbies		8%
Home Improvement	Hardware	5%
	Bathroom Fixture	5%
	Kitchen Fixture	5%
	其他类目	8%
Jewelry&Accessories	Fine Jewelry	5%
	其他类目	8%
Novelty&Special Use		8%
Home&Garden		8%

设置全店铺商品默认佣金比例和类目商品佣金比例的操作路径为"营销活动"—"联盟营销"—"联盟首页"。单击"加入联盟计划"—"营销品计划"—"单品营销计划"，手动添加商品，输入佣金比例（系统会自动给出佣金比例可设置的范围）和生效日期，如图 5-38～图 5-40 所示。

设置爆品佣金比例的操作路径为"联盟营销"—"我的爆品"。

设置主推商品佣金比例的操作路径为"联盟营销"—"我的主推产品"。

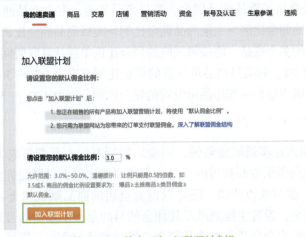

图 5-38　单击"加入联盟计划"

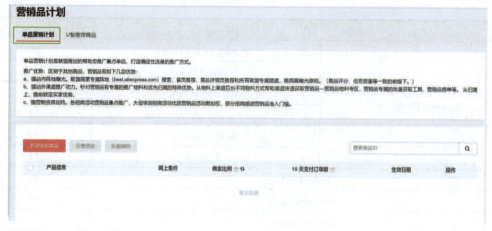

图 5-39 "单品营销计划"页面

图 5-40 输入佣金比例和生效日期

联盟营销佣金分全店铺默认商品佣金、类目商品佣金、主推商品佣金、爆品佣金。它们的优先级别是：爆品的佣金比例＞主推商品佣金比例＞类目商品佣金比例＞全店铺默认商品佣金比例。一个订单中的多个商品，将按照对应的佣金比例单独计算联盟佣金。即如果全店铺商品的佣金比例设置为5%，则类目商品可设置的佣金比例范围为5%～50%；如果类目商品佣金比例设置为10%，则主推商品和爆品可设置的佣金比例分别为10%～50%和10%～90%。

（四）联盟营销注意事项

（1）卖家一旦加入速卖通联盟营销，则全店铺所有的商品都将成为联盟营销商品。店铺中任一款商品通过联盟渠道而获得的订单，都需要按比例支付联盟佣金。

（2）一般来说，参与联盟营销，还可以设置全店铺商品默认佣金、类目商品佣金、主推商品佣金和爆品佣金。设置主推商品及其佣金的目的是给主推商品带来更多的曝光机会。平台采用佣金的优先顺序分别是主推商品佣金、类目商品佣金和全店铺商品默认佣金。

（3）修改联盟佣金比例、重新设置主推商品等操作，会在操作后的三个工作日后生效。例如1月1日进行了佣金比例修改，1月4日新的佣金比例生效。在生效日之前，所有的设置都维持原样。

（4）买家点击了联盟推广商品的广告链接，若在15天的追踪有效期内下单，则会被判断为是联盟带来的订单，交易成功后会收取联盟佣金。

（5）在交易期内，如果买家要求退款，那么联盟营销订单的佣金将被退回。交易结束后，如果因退货等原因发生退款，联盟营销订单的交易佣金不能退回。

模 块 实 训

实训目的　掌握速卖通不同的营销推广方式，掌握其营销推广工具的设置规则与方法。

实训内容

1. 店铺自主营销

查看店铺自主营销活动的可用资源，掌握活动设置方法和步骤。

（1）查询店铺自主营销活动的可用资源。

（2）设置店铺自主营销活动（单品折扣、满减活动、店铺code、互动活动）。

（3）活动展示。

2. 开通速卖通直通车

在自己的店铺中选择一款商品，并为其开通直通车。

（1）新建推广计划。

（2）选择推广商品。

（3）添加关键词，设置价格。

实训总结

通过对店铺自主营销活动及直通车的设置，掌握各类营销工具的运用技巧，最大限度地利用站内资源开展引流工作。

课 内 测 试

一、选择题

1. 速卖通平台店铺自主营销活动不包括（　　）。
    A. 满减活动　　　　　　　　　　B. MyStore
    C. 单品折扣　　　　　　　　　　D. 店铺code
2. 关于店铺code，下列描述不准确的是（　　）。
    A. 分为可传播型和不可传播型　　B. 一旦创建无法更改
    C. 与店铺满减活动可以叠加使用　D. 活动开始后可告知老卖家

3. 单品折扣不可以直接实现（　　）等目的。

    A. 清库存
                     B. 造爆品

    C. 促使买家收藏店铺
         D. 推新品

4. 关于单品折扣活动，下列（　　）不建议操作。

    A. 提价后打折
                B. 活动开始后告知老买家

    C. 设置时间不宜过长
      D. 与满减、店铺code活动结合使用

5. 直通车选品可以选择（　　）商品。

    A. 销量大的商品
              B. 店铺转化率高的商品

    C. 货源不足的商品
         D. 价格有优势的商品

二、分析题

1. 速卖通店铺自主营销工具有不同的权限要求、设置规则及展示规则，请查阅相关板块，并将表 5–5 填写完整。

表 5–5　各种自主营销工具的权限要求、设置规则及展示规则

营销工具	权限要求	设置规则			展示规则
		设置要求	创建时限	锁定时限	
单品折扣					
满减活动					
店铺 code					
互动活动					

2. 2021 年 3 月 3 日至 3 月 15 日参加的各类营销活动见表 5–6。

表 5–6　2021 年 3 月 3 日至 3 月 15 日各类营销活动

活动类型	时间设置	折扣率
满减活动	3 月 3 日 00:00–3 月 15 日 00:00	20%
限时限量折扣	3 月 6 日 00:00–3 月 8 日 00:00	40%
平台活动	3 月 9 日 00:00–3 月 10 日 00:00	50%

试分析：该商品销售价格经历了几个阶段的波动？每个阶段的折扣率分别是多少？

三、简答题

1. 速卖通平台店铺自主营销活动有哪些？如何参加满减活动？

2. 如何提高直通车商品转化率？

3. 如何做好速卖通平台的大促计划？

Moudle 6

模块六

跨境电商支付与结算

学习目标

➥ **知识目标：**

◎ 了解跨境电子商务支付与结算基本知识。

◎ 了解传统跨境电商支付与结算方式。

◎ 掌握新型跨境电商支付与结算平台。

◎ 熟悉国外常见的跨境电商支付与结算平台。

◎ 了解跨境电商支付与结算监管。

➥ **技能目标：**

◎ 能够运用跨境电商支付与结算平台完成相关操作。

➥ **素养目标：**

◎ 通过资金支付与结算的风险及其控制介绍，让学生了解资金支付及结算风险，树立资金安全意识。

模块导入

关于"钱",跨境电商不得不知的秘密

交易离不开支付,跨境电商在交易的过程中自然也离不开跨境支付,因此,了解跨境电商的支付与结算是跨境电商的生存之道。

一、第三方跨境支付方式成主导,优劣并存

目前卖家收款的方式主要有三种:海外本土银行收款(比如开立美国本土账户)、我国香港离岸银行账户、第三方收款账户。由于我国内地实行外汇管制,导致人民币在国际上无法自由兑换和流通,第三方海外收款方式成为跨境出口企业最主要的选择。

所谓第三方海外收款方式,顾名思义,就是利用一个第三方的收款账户,将资金回转到国内的账户。目前,我国大多数跨境电商都使用第三方海外收款方式。

第三方海外收款方式支持的平台有很多,同时办理手续方便,这是它的优势,但也存在弊端,尤其是对于一些新兴市场而言,有很多币种还没有覆盖。

二、资金回笼,一波三折

资金到账的时效性和安全性是大多数跨境电商最关注的,但是他们却并不了解资金是如何流转到卖家收款账户的,这就涉及第三方跨境支付的具体流程。

基本的流程是:资金由一个底层银行来进行托管,一个备付金托管账户作为支付工具。海外消费者实际的支付路径是在商业银行的账户间进行流转。无论委托哪一个收款工具,流程基本都是一致的。

假如卖家开立了一个第三方的收款账户,该账户跟亚马逊的后端进行了绑定。名义上资金是付给了亚马逊平台,但实际上它是从海外消费者的银行账户转到亚马逊委托的一个银行账户,然后再经过第三方收款工具转到国内,到达国内后,再经过持有跨境电商支付牌照的企业转进卖家账户,以确保它的合规性。

三、风险无处不在,企业仍需小心

资金的安全性在跨境交易中是避不开的话题,也是跨境电商选择跨境支付方式的首要考虑因素,第三方跨境支付方式在每一个环节都是存在一定风险的。比如卖家可能有账户被盗、资金被冻结的风险;收款方可能会出现洗钱套现的问题;电商平台可能会存在收款账户被黑、关联账户的风险。

此外,作为卖家,还有一项很大的风险就是如果收款账户和绑定的第三方账户之间发生了变更,就会触发安全机制,这是一种高危风险,因此,大部分卖家很抵触变更他们的支付工具。

四、纵横发展,不断完善

第三方跨境支付方式是目前跨境电商在交易过程中使用率较高的方式,但在新兴市场面前,第三方跨境支付还处于灰色地带。未来第三方收款行业如何发展,主要有两个方向。

第一,从纵深角度看市场端和资本端。首先从市场端而言,以后会有越来越多的卖家进入市场,所以在细分领域上会越来越完善,包括在一些小众的币种和小众的平台上。其次是资本端方面,国外的机构和国内持有跨境电商支付牌照的机构之间,会进一步加

强合作。

　　第二，从综合化方面看服务端和技术端。首先是服务端，金融服务端涵盖的领域会越来越广，金融和物流、营销、税务等联系也会越来越紧密。其次是技术端，基于人工智能的风险控制解决方案会逐渐落实，技术系统也会慢慢形成并越来越完善。

　　【思考题】
　　1. 你知道的跨境支付平台有哪些？
　　2. 跨境支付中，你会担心资金安全问题吗？

单元一　跨境电商支付与结算概述

一、国际支付与结算

1. 国际支付与国际支付方式

　　国际支付伴随着商品进出口而发生，然而它的发展又反过来促进了国际经济活动的发展；同时，伴随着国际经济活动的发展，其应用范围亦不断扩展。在自由资本主义时期以前，国家之间的货物进出口通常采用现金支付，以输送黄金或白银的方法清偿债务。然而，用现金支付不仅运送风险大，占用和积压资金，而且清点不便，计数之外还要识别真伪。因此，只有交易量小，才能采用现金支付。16～17世纪，欧洲的一些商业城市已广泛地使用由封建社会末期发展起来的票据来进行支付。非现金支付的方法——票据代替了金钱，金钱票据化，使支付非常迅速、简便，而且节约现金和流通费用。票据化的支付方法进一步促进了国际贸易的发展。至19世纪末20世纪初，国际贸易中买方凭单付款的方式已经相当完善了。

　　国际支付（International Payments）是指在国际经济活动中的当事人以一定的支付工具和方式，清偿因各种经济活动而产生的国际债权债务的行为。通常它是在国际贸易中所发生的、履行金钱给付义务当事人履行义务的一种行为。

　　在国际经济活动中使用较多的支付方式有直接支付和间接支付两种。直接支付方式是指由国际经济活动中的当事人即交易双方与银行发生关系的支付方式。常见的直接支付方式有付汇、托收和信用证。间接支付方式是指支付行为除了交易双方与银行之外，还有其他主体参加的方式。常见的间接支付方式有国际保理。

2. 国际结算与国际结算方式

　　在国际贸易中，国际支付与国际结算（International Settlements）是密不可分的，国际支付是过程，而国际结算是结果。国际结算可以促进国际贸易发展，服务国际经济文化交流，促进国际金融一体化，进而繁荣整个世界经济；同时还可为本国（或地区）创收和积累外汇，引进外资，合理使用外汇，输出资金向外投资，起到巩固本国（或地区）对外支付能力的作用。

　　国际结算是指国家间由于政治、经济、文化、外交、军事等方面的交往或联系而发生的以货币收付表示债权债务的清偿行为或资金转移行为。

按照发生债权债务关系的原因，国际结算可以分为贸易结算和非贸易结算。其中贸易结算主要包括票据—资金单据、汇付、托收、信用证、银行保函、保付代理、福费廷等业务。非贸易结算主要包括非贸易汇款、非贸易信用证、旅行支票、非贸易票据的买入与托收、信用卡和外币兑换等。

此外，按照使用工具、支付手段的不同，国际结算大体可分四类：

（1）现金/货币结算。这是原始结算方式，就是买方一手交钱，卖方一手交货，钱货两清，通常称为现金交货（Cash on Delivery），现在较少采用。

（2）票据结算。票据是出票人签发的无条件约定自己或要求其他人支付一定金额，经背书可以转让的书面支付凭证。票据一般包括汇票、本票、支票。例如，托收即是出口方开立汇票，委托出口地银行通过进口地代收银行向进口方收款的一种国际贸易结算方式。托收根据是否随附单据又可分为跟单托收和光票托收。

（3）凭单结算。在大多数国际贸易中，结算还需另附单据，包括基本单据和附属单据。其中基本单据是出口方向进口方提供的单据，有商业发票、运输单据、保险单据等；附属单据是出口方为符合进口方法律法规或其他原因而提供的特殊单据。例如，信用证业务作为一种纯粹的单据业务，其结算方式就是凭单付款，即在信用证结算的方式下，银行付款的依据是单证一致、单单一致，而不管货物是否与单证一致。

（4）电信结算。电汇、环球同业银行金融电信协会（Society for Worldwide Interbank Financial Telecommunications，SWIFT）电开信用证、电子交单及保理业务中的电子数据交换（Electronic Data Interchange，EDI），都属于电信结算范围。

二、跨境支付与结算

1. 跨境支付

跨境支付（Cross-border Payment）一般是指两个或两个以上的国家或地区之间因国际贸易、国际投资及其他方面而发生的国际债权债务，借助一定的结算工具和支付系统实现的资金跨国或跨地区转移的行为。

与境内支付不同的是，跨境支付付款方所支付的币种可能与收款方要求的币种不一致，或牵涉外币兑换以及外汇管制政策的问题。

2. 跨境支付业务

跨境支付业务按照资金流向可分成进口业务和出口业务。进口业务是资金出境，跨境支付公司通过与境外的银行、第三方支付公司建立合作，利用国际卡组织建立的清算网络，帮助境内的企业实现境外资金分发，在境内扮演收单服务商的角色。出口业务是资金入境，跨境支付公司与境内的第三方支付公司合作建立分发渠道，帮助境外的买家和支付机构完成资金入境及境内分发。

跨境支付包括跨境收单、跨境汇款和结售汇三个业务大类。

（1）跨境收单。跨境收单即帮助一个国家或地区的商户从另一个国家或地区的客户收钱。具体包括外卡收单、境外收单、国际收单等。

（2）跨境汇款。汇款业务在大部分国家（地区）需要牌照，专业汇款公司以西联、速汇金等为代表，但这类机构的市场份额正在减少，而 PayPal（贝宝）、Payoneer（派安盈）

和 WorldFirst（万里汇）等支付机构日渐成为跨境汇款的主流公司。我国的跨境支付公司正在与这些外资公司争夺市场份额。

国际支付公司具有一定的先发优势，目前掌握较多的大客户资源，针对跨境出口电商的汇款业务快速增长。跨境电商呈现平台化趋势，我国商家也在亚马逊、Wish 等美国的第三方电商平台上销售产品，而第三方电商平台都有指定的支付方式，新的支付工具很难切入，但我国商家有境外收款、汇款入境的真实需求。在相关外汇政策的支持下，在美国获得汇款牌照的支付公司可为我国商家开立美国的银行账户（虚拟账户），再将货款汇入境内结汇或在我国香港结成人民币再汇入。

（3）结售汇。结售汇是结汇与售汇的统称。结售汇是指银行为客户及其自身办理的结汇和售汇业务，包括远期结售汇履约和期权行权数据，不包括银行间外汇市场交易数据。银行结售汇统计时点为人民币与外汇兑换行为发生时。

结汇即"外汇结算"，是指外汇收入所有者将其外汇收入出售给外汇指定银行，外汇指定银行按一定汇率付给等值的本币的行为。

售汇即"外汇出售"，是指外汇指定银行将外汇卖给外汇使用者，并根据交易行为发生之日的人民币汇率收取等值人民币的行为。

3. 跨境支付方式

传统的跨境支付主要有两种方式：一种是银行间的国际结算业务，即通过电汇、信汇、票汇等传统国际结算工具进行汇款；另一种是以西联汇款为代表的专业汇款公司所提供的小额汇款业务。前者主要针对公司之间的一般贸易业务，而后者多以个人客户为主。

随着跨境电子商务、出国旅游等行业的大发展，新型跨境支付方式应运而生。新型跨境支付方式可解决传统模式的痛点，其创新性在于凭借技术手段降低金融服务的成本和门槛，提高服务频次，扩大金融服务的受众群体。近年来，新型跨境支付方式正慢慢取代传统支付方式。

新型跨境支付方式主要是指线上化的第三方支付，支持银行账户、国际信用卡、电子钱包等多种支付工具，满足小额高频的交易需求，进一步提高支付效率，降低成本。与国内的第三方支付类似，新型跨境支付方式较传统方式的区别在于切入消费场景，优化 C 端的客户体验，并针对不同行业的 B 端商户定制支付综合解决方案。

因此，跨境支付的主要方式有银行间国际结算、专业汇款公司、第三方跨境支付等。其中第三方跨境支付模式又包括购汇支付、收汇支付及境外持卡人通过境内的第三方跨境支付平台实现境外网站的支付购买行为这三种模式。

单元二　传统跨境电商支付与结算方式

随着经济全球化的深入、客户个性化需求的增长，支付结算方式在效率、安全、方便、跨越时空等方面都存在着诸多的局限性，虽然现在出现了很多新型的跨境电商支付结算方式，但是，一些电子商务交易过程仍离不开传统支付方式。交易双方通常先在互联网上成功地完成交易洽谈，然后采用传统支付方式进行货款结算。

传统跨境电商支付与结算方式

一、现金及国际电汇

1. 现金

传统的现金支付方式在现今的商务支付交易中仍然具有非常重要的作用。有的国家甚至 70% ~ 95% 的交易都是使用现金来支付的，其他支付工具的使用也是建立在能与现金自由兑换的基础上。

现金具有以下特点：①现金（指国家的法定货币）以国家强制力赋予的信用为后盾，是法律规定的最终支付手段，具有普遍的可接受性；②现金支付具有分散、灵活、匿名、使用方便和无交易费等特点；③现金支付具有技术上的"离线处理"的特性，收付款双方通过亲身参与鉴定现金的真伪，无须任何机构的联网确认和支持；④现金发行上的有限性（稀缺性）维持了人们对管理现金价值的信任。

图 6-1　现金支付示意图

现金支付是"一手交钱、一手交货"的典型体现，最大的特点就是简单易用、直观，最适合于小额交易，常用于企业（主要是商业零售业）对个人消费者的商品零售过程。现金支付示意图如图 6-1 所示。

现金支付方式的缺点在于：①受时间和空间的限制，对于某些不谋面的交易活动，就无法采用现金支付；②大额现金携带不便，安全保管费用较高，大宗交易必须携带大量的现金，携带不便以及不安全因素在一定程度上限制了现金支付作为大宗交易支付手段的采用。

2. 国际电汇

国际电汇是汇出行应汇款人的申请，拍发加押电报或电传给在另一国家的分行或代理行（汇入行），指示其给付一定金额给收款人的一种汇款方式。

国际电汇方式的基本程序和手续是：汇款人填写电汇申请书，交款付费给汇出行，取得电汇回执。汇出行发给汇入行加押电报或电传，并将电报证实书寄给汇入行，以便核对电文。汇入行收到电报，核对密押相符后，缮制电汇通知书，通知收款人取款。收款人持通知书一式两联到汇入行取款，须在收款人收据上盖章，交给汇入行，汇入行凭此给付汇款。汇入行将付讫借记通知寄给汇出行，完成一笔电汇汇款。国际电汇流程图如图 6-2 所示。

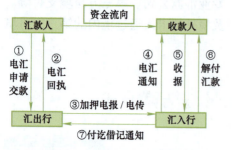

图 6-2　国际电汇流程图

国际电汇的特点：收款较快，但手续费较高，因此只有在金额较大时或比较紧急的情况下，才使用电汇。此外，用电报通知时，资金在途时间很短，汇出银行能占用资金的时间很短，有时甚至根本不会占用资金。

二、国际信用卡支付

信用卡在 1915 年起源于美国。最初的时候，信用卡不是由银行发行，而是由美国的一些百货商场、饭店、汽车公司和石油公司等发行。消费者在这些场所可以使用信用卡，将其作为一种消费凭证和信用筹码，从而可以赊销赊购。

国际信用卡除了线下 POS 机刷卡交易外，还能通过在线网关进行支付，实现全球范围内的收单和资金结算。目前，国际上六大信用卡品牌有维萨（VISA）、万事达卡（MasterCard）、美国运通（American Express）、日本国际信用卡（JCB）、大来信用卡（Diners Club）、中国银联（China UnionPay），其中前两个为大家广泛使用，如图 6-3 所示。

图 6-3　国际六大信用卡品牌

跨境电商网站可通过与国际信用卡组织合作，或直接与海外银行合作，开通接收海外银行卡支付的端口。国际信用卡支付是欧美最流行的支付方式之一，信用卡的使用人群非常庞大，但接入方式烦琐，需预存保证金、收费较高、付款额度偏小，且被盗刷的情况时有发生，存在拒付风险。

采用国际信用卡支付的具体流程是：①买方通过信用卡发出支付指令给发卡银行；②银行为其垫钱支付给卖方银行；③银行通知持卡人免息期满的还款日期和金额。

在这之后，尽管卖方已经完成交易，只有当买方做出如下行动时，卖方才能收到货款：

（1）买方在还款日到期之前还款，交易顺利完成，卖方成功收到货款。

（2）买方先偿还部分款项，一般大于银行规定的最小还款额，其余作为向银行贷款，并确认同意支付利息，以后再逐步偿还本息。最终买方得到融资便利，银行得到利息收入，卖方及时得到货款，共赢。

如果出现买方证明这笔支付交易取消了，原因可以是七天无理由退货、数量短缺，或者质量问题，那么当买方通知发卡银行取消支付后，发卡银行通知信用卡清算公司要求退款。随后信用卡清算公司会向收款方银行扣收退款，收款方银行将从卖方卡中扣款给信用卡清算公司。到此可能还会出现如下情形：

（1）如果卖方卡中有足够的钱来扣，则认扣。

（2）如果卖方卡中没钱可扣，则需要存钱进去。那么此时还将出现的问题是：

1）卖方同意退款，存款进卡，顺利退款。

2）卖方拒绝退款，不存款，则形成透支，进入透支黑名单，且面临银行追债。

三、网上信用证支付

信用证是一种由银行依照客户的要求和指示开立的有条件的承诺付款的书面文件。

网上信用证即国内信用证的网络化运作，它简洁的业务流程和便捷的操作手续为企业实现网上融资开通了绿色通道，是优化企业现金管理的首选金融产品。网上信用证是银行对传统信用证业务的一个创新发展，是将电子商务、网上银行和信用证业务结合的一个切入点。网上信用证目前集成在企业银行系统中，作为企业银行的一个子系统推出。

1. 网上信用证申请准备

（1）申请人和受益人均需在银行开立一般结算账户，并开通网上企业银行的银行转账业务。

（2）客户提出申请并填写相关申请书，提交银行所需资料。

（3）银行根据客户的资信情况可以给客户一个授信额度（可以是单项授信额度或综合

授信额度），授信期限一般为一年。

（4）客户在额度允许范围内可以随时提交开证申请。

2. 网上信用证支付操作流程

（1）客户在网上填写开证申请书、承诺书及贸易合同，并通过电脑发送给银行，贸易合同也可以人工传递。

（2）银行会计部门实时收到申请并交与信贷部门。

（3）信贷部门依据购销合同、开证申请书、开证申请人承诺书按照信用证有关规定进行审核并办理相关手续，提交风险控制部门。

（4）最终审批同意后再次提交会计部门办理开证，密押确认后电脑系统将按照通知行地址通过网络实时将信用证传递到同城或异地的通知行主机上。

（5）信用证一经开出，受益人即可在网上查到，确保了业务的高效快捷。

单元三　新型跨境电商支付与结算平台

一、支付宝

支付宝（中国）网络技术有限公司是国内知名第三方支付平台，致力于提供"简单、安全、快速"的支付解决方案。支付宝公司从 2004 年建立开始，始终以"信任"作为产品和服务的核心，旗下有"支付宝"与"支付宝钱包"两个独立品牌。自 2014 年第二季度开始，支付宝已成为全球最大的移动支付厂商之一。

2019 年 1 月 9 日，支付宝正式对外宣布，支付宝全球用户数已经超过 10 亿。

2019 年 6 月，支付宝及其本地钱包合作伙伴已经服务超 12 亿的全球用户。

2021 年 12 月，支付宝 App 的注册用户数已超过 13 亿。

2013 年，支付宝开始支持韩国购物退税，此后，国际拓展飞速发展。2014 年，支付宝将退税服务扩展到了欧洲。截至 2021 年 12 月，支付宝与国内外 180 多家银行以及 VISA、MasterCard 等机构建立战略合作关系，成为金融机构在电子支付领域最为信任的合作伙伴。

基于开放平台，支付宝正在创建移动商业的生态系统，如图 6-4 所示。

支付宝以安全、诚信赢得了用户和业界的一致好评。支付宝被评为 2005 年中国最具创造力商品、2006 年用户安全使用奖、2012 年值得信赖的第三方支付平台等各种荣誉。

用户要想使用支付宝的支付服务，需

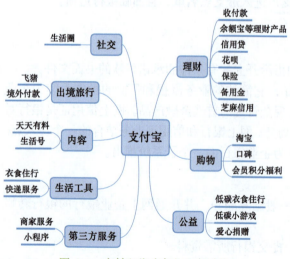

图 6-4　支付宝移动商业生态系统

要先注册一个支付宝账户，在支付宝官方网站或者支付宝钱包注册均可。支付宝账户分为"个人账户"和"企业账户"两类。个人账户分为3类，各类账户的功能、额度和信息认证标准不同。其中，I类账户只需要一个外部渠道验证客户身份信息，例如，联网核查居民身份证信息，对应的付款限额只有自账户开立起累计1 000元限额。该类账户余额可以用于消费和转账，主要适用于小额、临时支付。II类和III类账户的客户实名认证强度相对较高，分别通过至少3个、5个外部渠道验证客户身份信息。其中，II类账户的余额付款限额为年累计10万元，III类账户的余额付款限额为年累计20万元。

用户使用支付服务需要实名认证是央行等监管机构提出的要求，实名认证之后可以在淘宝开店，可使用更多的支付服务，更重要的是有助于提升账户的安全性。实名认证需要同时核实会员身份信息和银行账户信息。从2016年7月1日开始，实名认证不完善的用户，其余额支付和转账等功能会受到限制。

二、微信

微信支付是集成在微信客户端的支付功能，用户可以通过手机快速完成支付流程。微信支付以绑定银行卡的快捷支付为基础，向用户提供安全、快捷、高效的支付服务。

具体支付方式有以下几种：

1. 付款码支付

付款码支付是指用户展示微信钱包内的"付款码"给商户系统扫描后直接完成支付，适用于线下场所面对面收银的场景，例如商超、便利店、餐饮、医院、学校、电影院和旅游景区等具有明确经营地址的实体场所。

具体步骤如下：①用户选择付款码支付，付款码打开路径：微信→"我"→"服务"→"收付款"；②收银员在商户系统操作生成支付订单，用户确认支付金额；③商户收银员用扫码设备扫描用户的条码/二维码，商户收银系统提交支付；④微信支付后台系统收到支付请求，根据验证密码规则判断是否验证用户的支付密码，不需要验证密码的交易直接发起扣款，需要验证密码的交易会弹出密码输入框。支付成功后微信端会弹出成功页面，支付失败会弹出错误提示。

微信支付

2. JSAPI支付

JSAPI支付是指商户通过调用微信支付提供的JSAPI接口，在支付场景中调起微信支付模块完成收款。

具体步骤如下：①商户下发图文消息或者通过自定义菜单吸引用户点击进入商户网页。②进入商户网页，用户选择购买，完成选购流程。③调起微信支付控件，用户开始输入支付密码。④密码验证通过，支付成功。商户后台得到支付成功的通知。⑤返回商户页面，显示购买成功。该页面由商户自定义。⑥微信支付公众号下发支付凭证。

3. 小程序支付

小程序支付是指商户通过调用微信支付小程序支付接口，在微信小程序平台内实现支付功能；用户打开商家助手小程序下单，输入支付密码并完成支付后，返回商家小程序。

具体步骤如下：①用户通过分享或扫描二维码进入商户小程序，用户选择购买，完成选购流程。②调起微信支付控件，用户开始输入支付密码。③密码验证通过，支付成功。商户后台得到支付成功的通知。④返回商户小程序，显示购买成功。⑤微信支付公众号下发支付凭证。

4. Native 支付

Native 支付是指商户系统按微信支付协议生成支付二维码，用户再用微信"扫一扫"完成支付的方式。该方式适用于 PC 网站、实体店单品或订单、媒体广告支付等场景。

具体步骤如下：①商户根据微信支付的规则，为不同商品生成不同的二维码，展示在各种场景，用于用户扫描购买；②用户使用微信"扫一扫"扫描二维码后，获取商品支付信息，引导用户完成支付；③用户确认支付，输入支付密码；④支付完成后会提示用户支付成功，商户后台得到支付成功的通知，然后进行发货处理。

5. App 支付

App 支付是指商户通过在移动端 App 中集成开放 SDK 调起微信支付模块来完成支付。这种方式适用于在移动端 App 中集成微信支付功能的场景。

具体步骤如下：①用户进入商户 App，选择商品下单、确认购买，进入支付环节。商户服务后台生成支付订单，签名后将数据传输到 App 端。②用户点击后发起支付操作，进入微信界面，调起微信支付，出现确认支付界面。③用户确认收款方和金额，点击立即支付后出现输入密码界面，可选择零钱或银行卡支付。④输入正确密码后，支付完成，用户端微信出现支付详情页面。⑤回跳到商户 App 中，商户 App 根据支付结果个性化展示订单处理结果。

6. 刷脸支付

刷脸支付是指用户在刷脸设备前通过摄像头刷脸、识别身份后进行的一种支付方式，安全便捷。这种方式适用于线下实体场所的收银场景，如商超、餐饮、便利店、医院、学校等。

具体步骤如下：①程序启动时初始化；②获取数据、SDK 调用凭证；③启动刷脸支付，发起订单；④更新支付结果，完成支付。

三、连连支付

连连银通电子支付有限公司（以下简称连连支付）为连连集团旗下全资子公司。公司自成立以来，秉承"服务、创新、合作"的企业经营理念，在努力发展的同时，竭诚为客户带来更便捷、更安全、更贴心的服务。

连连支付拥有中国人民银行颁发的"支付业务许可证"、中国人民银行核准的跨境人民币结算业务资质、国家外汇管理局浙江省分局批准的跨境外汇支付业务试点资质，同时是中国证监会批准的基金销售支付结算机构。连连支付的业务已经覆盖了跨境贸易、电商、航旅、出行、物流、教育、房产、汽车、保险、基金、文化等众多垂直行业。

公司拥有由互联网行业资深工作者、优秀金融界人士、高级技术人员及专职客服人员所组成的专业管理团队，在产品开发、技术创新、市场开拓、企业管理、反洗钱等方面都积累了丰富的实战经验。公司力争为员工营造良好的办公和开发环境，为每一位员工提供广阔的发展空间。

2017 年，连连支付正式上线跨境收款产品。连连支付为跨境出口电商卖家提供收款、付款、多店铺统一管理、VAT（Value Added Tax，增值税）缴纳等一站式跨境金融服务。2021 年，连连支付成为国内跨境收款工具使用频率最高的支付平台，已经拥有 60 余项全球支付资质与牌照，支持全球 11 个主流币种的结算，服务 120 余家全球电商站点，业务范围覆盖 100 多个国家和地区，累计服务跨境店铺数超过 120 万家。

四、其他国内平台

1. 联动优势（UMPAY）

联动优势电子商务有限公司于 2011 年注册成立，为联动优势科技有限公司全资子公司，拥有全国范围的互联网支付、移动电话支付、银行卡收单业务的"支付业务许可证"，中国证监会基金销售支付结算业务许可，中国人民银行跨境人民币支付业务备案、国家外汇管理局跨境外汇支付许可。2019 年，其关联公司安派国际获得我国香港海关经营金钱服务牌照（MSO）。联动优势是中国支付清算协会常务理事单位、中国互联网金融协会常务理事单位，接受国家外汇管理局、中国人民银行双重监管，其跨境支付业务的合作伙伴包括Wish、蜜芽、海淘乐等。

2. 易联支付（pay eco）

易联支付有限公司成立于 2005 年，是国内大型非金融支付服务机构，公司总部设在广州，并在北京、上海、深圳、成都、宁波、香港设有分公司。2009 年，公司拿到了 PCI-DSS 的国际认证；2011 年，获中国人民银行颁发的"支付业务许可证"；2013 年，获中国人民银行许可开展跨境人民币支付结算业务，并完成了首笔支付机构跨境人民币支付交易；2014 年，获基金销售支付结算业务许可，新增"互联网支付"业务。

易联支付的优势在于能提供多种支付服务方式，支持互联网、手机、呼叫中心多种渠道支付；能实现全球支付高效率服务，跨境结算较快，可实现当天办理，跨境交易高效便捷；由中信银行全程资金管理、中国人民银行全程资金风险监控，安全可靠。

单元四 国外跨境电商支付与结算平台

一、国际支付宝

在速卖通平台做生意，离不开国际支付宝的保驾护航。阿里巴巴国际支付宝由阿里巴巴与支付宝联合开发，是为保护国际在线交易中买卖双方的交易安全所设的一种第三方支付服务。如果卖家已经拥有国内支付宝账户，只需绑定国内支付宝账户即可，无须再申请国际支付宝账户。如果卖家还没有国内支付宝账户，可以先登录支付宝网站申请国内的支付宝账户，再绑定即可。

1. 国际支付宝的含义

国际支付宝是支付宝为从事跨境交易的国内卖家建立的资金账户管理平台，包括对交易的收款、退款、提现等主要功能。其用户群体主要为 AliExpress（速卖通）和阿里巴巴国际站会员。目前支持人民币、美元两种货币。

2. 国际支付宝账户信息查询

用户登录国际支付宝官方网站，在首页单击"我的账户"即可查询账户信息，包括人民币账户、美元账户下的资金信息（可提现金额和冻结金额），提现银行账户信息，以及用户最近的活动记录。

未设置提现银行账户信息的用户无法进行提现操作。

3. 国际支付宝银行账户设置

第一步：单击"我的账户"，通过人民币或美元账户信息中的设置银行账户入口，可到达设置银行账户功能页面。或者执行"我要提现"→"提现银行账户设置"功能，进行银行账户的设置。

第二步：用户可以在此添加美元或人民币账户提现银行账户。用户可以设置三个美元账户提现银行账户，美元账户提现银行账户需要区分是个人账户还是公司账户。

4. 国际支付宝提现

第一步：通过查看我的账户信息，可以查看到可提现的人民币金额和美元金额，以及冻结的人民币金额和美元金额。

第二步：单击人民币账户或美元账户对应的"我要提现"按钮。

第三步：输入要提现的金额，单击"下一步"按钮。注：美元账户提现金额必须大于21美元，手续费每笔15美元。人民币账户提现不收取手续费。

第四步：确认提现信息后，输入支付密码，单击"确定"按钮，如果支付密码正确，系统将进行手机验证。手机验证码的有效期是30分钟。

5. 国际支付宝的优势

（1）多种支付方式：支持信用卡、TT 银行汇款等多种支付方式。

（2）安全保障：先收款，后发货，全面保障卖家的交易安全。国际支付宝是一种第三方支付服务，而不是一种支付工具。对于卖家而言，国际支付宝的风控体系可以保护卖家在交易中免受信用卡被盗刷的欺骗，而且只有当且仅当国际支付宝收到了买家的货款，才会通知卖家发货，这样可以避免买家在交易中使用其他支付方式导致的交易欺诈。

（3）方便快捷：线上支付，直接到账，足不出户即可完成交易。使用国际支付宝收款无须预存任何款项，速卖通会员只需绑定国内支付宝账号和美元银行账户，就可以分别进行人民币和美元的收款。

（4）品牌优势：背靠阿里巴巴和支付宝两大品牌，国际支付宝海外市场潜力巨大。

二、PayPal

PayPal（贝宝）是美国 eBay 公司的全资子公司，于 1998 年 12 月由彼得·泰尔（Peter Thiel）及马克斯·莱文奇恩（Max Levchin）建立，总部位于美国加利福尼亚州圣何塞市。PayPal 网站首页如图 6-5 所示。

图 6-5　PayPal 网站首页

　　PayPal 作为全球大型在线支付公司，在第三方支付机构中占据着重要地位，拥有 4.03 亿活跃用户，业务遍及全球 200 多个国家，能够处理 100 多种货币的支付结算。同时，PayPal 还是在线支付行业标准的制定者，在全球支付市场中获得认可，拥有很高的知名度和品牌影响力。中国跨境交易的用户也受此影响，选择了 PayPal，尤其是个人海淘用户和跨境 B2C 出口企业使用率更高。

　　PayPal 是倍受用户追捧的国际贸易支付工具，即时支付，即时到账。上海网付易信息技术有限公司与 PayPal 合作为中国市场量身定制的网络支付服务——贝宝，更是受到中国客户的青睐，全中文操作界面，能通过我国本地银行轻松提现，注册 PayPal 后就可立即开始接受信用卡付款。

　　只要有一个电子邮件地址，付款人就可以开设 PayPal 账户，通过验证成为其用户，并提供信用卡或者相关银行资料，增加账户金额，将一定数额的款项从其开户时登记的账户（如信用卡）转移至 PayPal 账户下。

　　当付款人启动向第三人付款程序时，必须先进入 PayPal 账户，指定特定的汇出金额，并提供收款人的电子邮件账号给 PayPal。接着 PayPal 向商家或者收款人发出电子邮件，通知其有等待领取或转账的款项。

　　如商家或者收款人也是 PayPal 用户，其决定接受后，付款人所指定的款项即移转予收款人。若商家或者收款人没有 PayPal 账户，收款人得依 PayPal 电子邮件内容指示进入网页注册取得一个 PayPal 账户，收款人可以选择将取得的款项转换成支票寄到指定的处所、转入其个人的信用卡账户或者转入另一个银行账户。

　　从以上流程可以看出，如果收款人已经是 PayPal 的用户，那么该笔款项就汇入他拥有的 PayPal 账户；若收款人没有 PayPal 账户，网站就会发出一封通知电子邮件，引导收款人至 PayPal 网站注册一个新的账户。所以，也有人称 PayPal 的这种销售模式是一种"邮件病毒式"的商业拓展方式，从而使得 PayPal 占有更多的市场份额。

　　PayPal 有着品牌效应强、资金周转快、安全保障高、使用成本低、拥有数据加密技术及多种付款方式的优势，但是也存在着账户容易被冻结，且除了手续费外还需要额外支付交易处理费的弊端。

　　具体来说，对于卖家和卖家，PayPal 具有的领先优势见表 6-1。

表 6-1 PayPal 的优势

买　家	卖　家
安全 ● 付款时无须向商家透露任何敏感财务信息 ● 购物享有 PayPal 买家保护政策	高效 ● 接受全球付款，实现快速提现，有效提高运营率 ● 多种功能强大的商家工具
便捷 ● 支持包括国际信用卡在内的多种付款方式 ● 数万网站支持 PayPal，一个账户买遍全球	节省 ● 没有任何开户费及年费，产生交易才需支付费用

PayPal 支持多种提现方式，尤其适用于跨境电商零售行业，几十到几百美元的小额交易更划算。

三、其他国外平台

1. 西联汇款

西联汇款是世界上领先的特快汇款公司，迄今已有 150 年的历史，它拥有先进的电子汇兑金融网络，代理网点遍布全球近 200 个国家和地区。西联汇款是美国财富五百强之一的第一数据公司（First Data Corporation，FDC）的子公司。中国光大银行、中国邮政储蓄银行、中国建设银行等多家银行是西联汇款中国合作伙伴。

西联汇款最大的优点是安全，先收钱后发货，对商家最有利。但是也有一些缺点：

（1）汇款手续费按笔收取，对于小额收款手续费高。

（2）很多时候买家会不相信，第一次跟卖家合作，打款给卖家了，担心卖家不发货，所以容易放弃交易。如果买家是个大客户，那卖家的损失就大了。

（3）属于传统型的交易模式，不能很好地适应新型的国际市场。

用户可以登录西联官方网站追踪汇款状态及查询相关网点，西联汇款网站首页如图 6-6 所示。

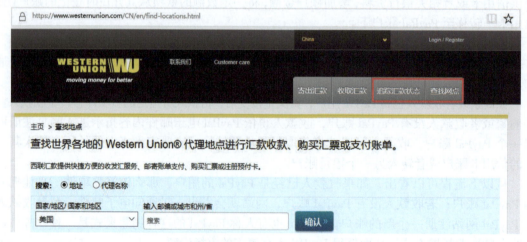

图 6-6　西联汇款网站首页

2. Boleto

Boleto 全称是 Boleto Banc á rio，是由多家巴西银行共同支持的一种支付方式，在巴西占据主导地位，也是受巴西中央银行监管的巴西官方的一种支付方式，客户可以到巴西任何一家银行、ATM 机或使用网上银行授权银行转账。由于巴西很多人倾向于使用现金交易，而且申请可用于跨境交易的信用卡比较困难，所以 Boleto 成为一种主流。另外，Boleto 通常是公司以及政府部门唯一支持的支付方式，更加奠定了 Boleto 在巴西跨境电商领域中的地位。

Boleto 可以说是一种现金支付，买家需要在线打印一份 invoice，invoice 中有收款人、付款人信息以及付款金额等。付款人可以打印 invoice 后去银行或者邮局网点，以及一些药店，超级市场等完成付款，另外也可以通过网上银行完成付款。

一般国内跨境做电商、游戏、媒体等行业涉及付款业务时经常会使用这种收款方式。但是 Boleto 也具有一定的局限性，该支付方式事实上并不是真正意义上的线上支付，因此其延迟性以及流失率比较高。此外 Boleto 还有如下特点：

（1）一旦付款，不会产生拒付和伪冒，保证商家的交易安全。

（2）无须预付交易保证金，降低了门槛。

（3）单笔支付限额在 1 美元～3 000 美元，月累计支付不超过 3 000 美元。

（4）不是网上实时付款，消费者需在网上打印付款单并通过网上银行、线下银行或其他指定网点进行付款。消费者可以在 1～3 天内付款，各个银行需要 1～3 个工作日完成数据交换，所以每笔交易一般需 2 天至一周左右的时间才能支付完成。

3．WebMoney

WebMoney 是由成立于 1998 年的 WebMoney Transfer Technology 公司开发的一种在线电子商务支付系统，是俄罗斯主流的电子支付方式，俄罗斯各大银行均支持自主充值取款，目前有包括中国在内的全球数十个国家和地区使用，支持多币种收付，许多国际性网站都与其合作。WebMoney 的优势在于使用人数较多，适用范围广。

4．Qiwi Wallet

Qiwi Wallet 是俄罗斯 Mail ru 旗下公司出品的类似于支付宝的产品，是俄罗斯最大的第三方支付工具之一。Qiwi Wallet 帮助客户快速、方便地在线支付水电费、手机话费，提供网络购物支付和偿还银行贷款等服务。买家可以根据自己的情况选择合适的付款方式，支持多个币种付款。俄罗斯人对 Qiwi Wallet 非常信任，俄罗斯买家可以先对 Qiwi Wallet 进行充值，再到对应的网站购买产品。

Qiwi Wallet 的优势在于其拥有较完善的风险保障机制。不同于 PayPal 或者信用卡有 180 天的"风险观察期"，Qiwi Wallet 不存在拒付风险。如果买家通过 Qiwi Wallet 支付，通过资金审核（一般 24 小时内）即可到账。

2012 年，阿里巴巴与 Qiwi Wallet 签署战略合作协议。合作后，俄罗斯用户可通过 Qiwi Wallet 在阿里巴巴平台上购买中国产品。

5．Yandex. Money

Yandex. Money 是俄罗斯领先的网络平台及搜索引擎 Yandex 旗下的电子支付工具，拥有 180 万活跃用户。Yandex. Money 的优势在于其充值方便，可通过支付终端、电子货币、预付卡和向银行转账（银行卡）等方式向钱包内充值，实时到账，无拒付风险，使用范围广。

6．CashU

CashU 自 2002 年起隶属于阿拉伯门户网站 Maktoob（Yahoo 于 2009 年完成对 Maktoob 的收购），主要用于支付在线游戏，VoIP 技术，电信、服务和外汇交易，CashU 允许客户使用任何货币进行支付，但该账户将始终以美元显示客户的资金。CashU 是中东和北非地区应用最广泛的电子支付方式之一。

我们不仅要熟悉全球广泛使用的跨境电商支付方式，也要了解一些国家或区域性的支付方式，作为收付款的辅助手段。

单元五　跨境电商支付与结算监管

一、跨境支付风险

跨境电商支付方式丰富且方便，但是也存在着一定的风险。具体来说有以下四类风险：

1. 审核风险

跨境电商是跨境贸易领域的新业态，行业规则和法律法规尚待进一步完善。而支付机构则是以追求利益最大化为原则，有时更会走法律法规的真空地带，抑或打擦边球，以省去一些未明规定但会耗费其成本的程序。例如，在数据交互环节，支付机构可能采用普通且成本低的信息技术，以审核客户的身份信息，而非使用效果更好但成本更高的大数据信息技术。对此，跨境贸易主体可能利用技术漏洞，伪造个人身份信息，导致虚假信息泛滥的恶果。又如，境内外个人和机构也可能以服务贸易或虚假货物贸易来转移外汇资金，以分拆形式逃避外汇局监管，这就导致部分违法人员通过支付机构平台，以境内消费者身份将境内资金转移到国外，严重扰乱了跨境电子商务的正常交易秩序，阻碍了人民币国际化的重要进程，威胁到国际的资金安全。

2. 汇率风险

在客户付款后到商家收款前的时间里，汇率会随着市场变化而波动，直接关系到资金的实际购买力。支付机构收到资金后，一般在 T+1 个工作日集中进行结售汇。如果消费者对货物不满意，在将货物退回商家的过程中，购物资金存在着兑换不足额风险。例如，某境内客户在付货款时的货物标价是 100 美元，相对应的美元现汇买入价是 617.79 元人民币。一段时间后，在收到商家货物时，客户对该货物不满意，准备退货。此时，美元现汇买入价是 610.35 元人民币，那么客户买 100 美元的境外货物就损失了 7.44 元人民币。该过程说明了境内客户在购买境外商品时存在着汇率变动的风险，一定程度上影响了境内客户的海购积极性。

3. 监管风险

跨境支付业务已有一定规模，但各支付机构的需求大小、经营合规程度、技术成熟条件不同，业务办理流程、国际收支统计申报、风险控制等运营方案也通常没有统一标准，这也使监管风险凸显。例如，客户外汇备付金账户是专门用于办理跨境外汇业务的，在一定工作日内，当备付金账户的资金积累到一定额度时，该账户存在备付金被挪用进行短期存款或投资的风险，由此更会随之出现资金损失的风险。

4. 网络风险

由于涉及交易双方资金的转账安全，跨境外汇支付就成为跨境电商贸易的关键一步。当前存在的各类网络支付安全问题在一定程度上直接制约了跨境贸易的发展，支付宝账号被盗、跨境支付资金被转走、木马病毒和钓鱼网站泛滥等网络问题严重影响了境内消费者的境外购物体验。同时，境内客户还在此过程中面临着个人隐私信息被窃取等网络风险。

小贴士

10 个网络安全小常识

1. 如何避免电脑被安装木马程序？

安装杀毒软件和个人防火墙，并及时升级；可以考虑使用安全性比较好的浏览器和电子邮件客户端工具；不要使用任何来历不明的软件；对陌生邮件要杀毒后，再下载邮件中的附件；经常升级系统和更新病毒库；非必要的网站插件不要安装；定期使用杀毒软件查杀电脑病毒。

2. 日常生活中如何保护个人信息？

不要在社交网站类软件上发布火车票、飞机票、护照、照片、日程、行踪等；在图书馆、打印店等公共场合，或是使用他人手机登录账号，不要选择自动保存密码，离开时记得退出账号；从常用应用商店下载 App，不从陌生、不知名应用商店、网站页面下载 App；填写调查问卷、扫二维码注册尽可能不使用真实个人信息。

3. 预防个人信息泄露需要注意什么？

需要增强个人信息安全意识，不要轻易将个人信息提供给无关人员；妥善处置快递单、车票、购物小票等包含个人信息的单据；个人电子邮箱、网络支付及银行卡等密码要有差异。

4. 收快递时如何避免个人信息泄露？

因为个人信息都在快递单上，不管是将快递箱直接放入垃圾桶，还是把快递单撕下来再放进垃圾桶，都有可能泄露个人信息，因此收快递时要撕毁快递箱上的面单。

5. 注册时可以使用个人信息（名字、出生年月等）作为电子邮箱地址或用户名吗？

在注册时，尽可能不使用个人信息（名字、出生年月等）作为电子邮箱地址或是用户名，容易被撞库破解。

6. 在网上进行用户注册，设置用户密码时应当注意什么？

连续数字或字母、自己或父母生日都是容易被猜到或获取的信息，因此如果使用生日作为密码风险很大。而如果所有账号都使用一种密码，一旦密码丢失则容易造成更大损失。因此涉及财产、支付类账户的密码应采用高强度密码。

7. 如何防止浏览行为被追踪？

可以通过清除浏览器 Cookie 或者拒绝 Cookie 等方式防止浏览行为被追踪。

8. 在安装新的 App 时，弹窗提示隐私政策后，需要注意什么？

在安全网站浏览资讯；对陌生邮件要杀毒后，再下载邮件中的附件；下载资源时，优先考虑安全性较高的绿色网站。

9. 现在游戏都设置了未成年人防沉迷机制，通常需要用户进行实名认证，在填写实名信息的过程中需要注意什么？

有一些游戏会过度收集个人信息，如家庭地址、身份证照片、手机号等，仔细阅读实名信息，仅填写必要实名信息，不能为了游戏体验而置个人信息安全于不顾。

10. 为什么 App 涉及的赚钱福利活动提现难？

许多"赚钱类"App 时常以刷新闻、看视频、玩游戏、攒步数为赚钱噱头吸引用户下载注册，背后原因是流量成本越来越贵，难以形成集中的阅读量和爆发性增长的产品，通过加大提现难度，迫使用户贡献流量和阅读量。

二、跨境支付与结算政策

随着我国进出口贸易在全球市场重要性的提升和跨境电商的快速发展，我国跨境支付市场进入了新的发展阶段，政策监管也顺应市场需求进行了积极的调整。2007 年以来，为了适应跨境消费领域的快速发展，国家跨境支付相关政策逐步推出，相关政策逐步放松，跨境支付试点、跨境电商单笔限额均逐步放开，跨境支付系统不断完善。

1. 监管跨境支付机构的相关政策

2007 年 9 月，国家外汇管理局批复，允许支付宝公司办理境外收单业务，境内消费者可以通过支付宝用人民币购汇，购买境外合作商户网站上以外币标价的商品。

2009 年 4 月，《中国人民银行公告〔2009〕第 7 号》正式要求第三方支付企业开展登记备案，标志着第三方支付无监管时代的结束。登记备案确定了中国人民银行是该行业的主管监督部门，并且划定了支付清算业务的非金融机构范围，明确了支付清算业务的内涵。

2011 年 11 月，为了规范支付机构客户备付金管理，保障当事人合法权益，中国人民银行制定了《支付机构客户备付金存管暂行办法》。2012 年 1 月，为规范和促进互联网支付业务发展，中国人民银行制定了《支付机构互联网支付业务管理办法》。

2013 年 2 月，为规范支付机构跨境支付业务的发展，国家外汇管理局下发了《国家外汇管理局综合司关于开展支付机构跨境电子商务外汇支付业务试点的通知》，在北京、上海、浙江、深圳和重庆五个地区先行开展支付机构跨境电子商务外汇支付业务试点，允许参加试点的支付机构集中为电子商务客户办理跨境收付汇和结售汇业务。同年 9 月，又在全国范围内正式开展了支付机构跨境电子商务外汇支付业务试点。支付宝、财付通、汇付天下、钱宝科技等 17 家第三方支付公司成为首批获得跨境电子商务外汇支付业务试点资格的企业，国内第三方支付平台开始广泛介入跨境电子商务的交易活动当中，参加试点的支付机构可以集中为电子商务客户办理跨境收付汇和结售汇业务，这表明境内消费者的跨境购物可以经由第三方支付机构完成跨境外汇支付。

2013 年 8 月，国务院办公厅转发商务部等部门《关于实施跨境电子商务零售出口有关政策意见的通知》，明确提出鼓励银行机构与支付机构为跨境电子商务提供支付服务，完善跨境电子支付、清算、结算服务体系，切实加强对银行机构和支付机构跨境支付业务的监管力度。

2014 年 2 月，中国人民银行宣布银联支付、快钱、通联等 5 家支付机构在上海自贸区试点跨境人民币支付业务，并在上海率先发布《关于上海市支付机构开展跨境人民币支付业务的实施意见》。上海银联、通联、东方电子、快钱、盛付通 5 家第三方支付机构取得了首批跨境人民币支付业务资格。同年 6 月，中国人民银行下发了《关于贯彻落实〈国务院办公厅关于支持外贸稳定增长的若干意见〉的指导意见》，明确提出要支持银行业金融机构与支付机构合作开展跨境人民币结算业务。

2015 年 1 月，国家外汇管理局正式发布《支付机构跨境外汇支付业务试点指导意见》(以下简称《指导意见》)，在全国范围内开展支付机构跨境外汇支付业务试点。《指导意见》将单笔交易金额提升至 5 万美元；支付机构可轧差结算，这极大地缩小了支付机构的结算成本；小额支付汇总录入，大大简化了银行信息申报的流程；取消备付金合作银行数量限制，令跨境支付机构可选择面更多，也令更多银行加入跨境贸易中。该《指导意见》开启了第三方机构跨境支付业务的大门。同年 6 月，国务院办公厅正式下发《关于促进跨境电子商务健康快速发展的指导意见》，提出完善跨境电子商务支付结算管理的要求。

2018 年 6 月，中国人民银行发布《中国人民银行办公厅关于支付机构客户备付金全部集中交存有关事宜的通知》，规定自 2018 年 7 月 9 日起，按月逐步提高支付机构客户备付金集中交存比例，到 2019 年 1 月 14 日实现 100% 集中交存。交存时间为每月第二个星期一（遇节假日顺延），交存基数为上一个月客户备付金日均余额。跨境人民币备付金账户、基金销售结算专用账户、外汇备付金账户余额暂不计入交存基数。同年 12 月，中国人民银行支付结算司下发《关于支付机构撤销人民币客户备付金账户有关工作的通知》，规定支付机构应于 2019 年 1 月 14 日前撤销人民币客户备付金账户，同时，支付机构应制订切实可行的销户计划，与备付金银行做好沟通，明确销户时间。

2. 规范人民币跨境支付结算业务相关政策

2009 年 4 月，国务院常务会议决定在上海、深圳、东莞等四个城市率先开展跨境贸易人民币结算试点工作。这带动了跨境业务清算行的发展，加快了跨境人民币的放款速度，促进了代理银行账户的融资及人民币债券交易。同年 7 月，中国人民银行《跨境贸易人民币结算试点管理办法》对人民币跨境结算试点的业务范围、运作方式、试点企业的选择、清算渠道的选择等问题做出具体规定。

2010 年 6 月，为了防范金融风险，促进支付服务市场健康发展，中国人民银行制定了《非金融机构支付服务管理办法》，针对从事支付业务的非金融机构，规范非金融机构支付服务行为，防范支付风险，保护当事人合法权益，促进支付服务市场健康发展。《非金融机构支付服务管理办法》的出台使支付市场参与者更多元化，但针对跨境支付业务的监管细则并未出台。

2011 年 5 月，中国人民银行正式公布了获得"支付业务许可证"（支付牌照）的支付机构名单。支付宝、银联商务、通联支付等 27 家企业榜上有名。这是第三方支付发展史上的里程碑，表明了国家对第三方支付行业的认可和支持，是中国支付产业发展道路的基石。2011 年 8 月，《关于扩大跨境贸易人民币结算地区的通知》将跨境贸易人民币结算境内地域范围扩大至全国。

2015 年 10 月，人民币跨境支付系统（Cross-border Interbank Payment System，CIPS）正式启动。CIPS（一期）的制度主要包括《人民币跨境支付系统业务暂行规则》《人民币跨境支付系统参与者服务协议》《人民币跨境支付系统业务操作指引》《人民币跨境支付系统运行规则》以及《人民币跨境支付系统技术规范》。系统的上下运行，大大提高了跨境清算效率，标志着人民币国内支付和国际支付统筹兼顾的现代化支付体系取得重要进展。

2022 年 7 月 21 日，《中国人民银行关于支持外贸新业态跨境人民币结算的通知》（以下简称《通知》）正式实施。《通知》规定，在"了解你的客户""了解你的业务""尽职审查"三原则的基础上，境内银行可与依法取得互联网支付业务许可的非银行支付机构、具有合法资质的清算机构合作，为市场交易主体及个人提供经常项下跨境人民币结算服务。

与支付机构合作的境内银行应具备 3 年以上开展跨境人民币结算业务的经验，满足备付金银行相关要求，具备审核支付机构跨境人民币结算业务真实性、合法性的能力，具备适应支付机构跨境人民币结算业务特点的反洗钱、反恐怖融资、反逃税系统处理能力。

境内银行和支付机构提供跨境人民币结算服务时，应依法履行反洗钱、反恐怖融资、反逃税义务，遵守打击跨境赌博、电信网络诈骗及非法从事支付机构业务等相关规定。

三、跨境支付与结算风险防范

针对跨境支付与结算中存在的风险，结合相关政策法规，我们提出规避相关风险的具体措施如下：

1. 审核尽责

在信息审核方面，支付机构应严格按照外汇管理局及中国人民银行的有关指导意见，认真核查跨境支付业务中参与者的身份和交易信息。例如，可增加与交易直接参与者的信息交互环节，留存客户和商户相关信息备查，确保参与者身份的合法性和真实性，防止出现同一方操控境内客户和境外商户的现象。支付机构也应及时并准确地将相关业务信息和数据上报相关部门，履行交易真实性的审核职责，方便相关部门做出应对措施。

2. 关注汇率

一是支付机构不可自行变更汇率计算价格，而应严格按照中国人民银行提供的汇率标价为客户进行结售汇，以保证境内客户在支付货款时不受支付机构差异的影响。二是由于在交易过程中汇率等因素的变动会影响货款资金的购买力，为保证客户及自身合法权益，这就要求支付机构要事先与客户在货物退款服务手续费等涉及汇兑损益的方面达成协议。三是处理跨境支付业务的第三方机构应具备真实物品和虚拟物品隔离的管理机制，针对不同交易的信息分类协同管理，并定期向外汇管理局或中国人民银行等监管机构汇报情况。

3. 把控方向

支付机构在未取得外汇管理局审批时，不得存入或提取现钞，如在经营方面存在亏损，可先向外汇管理局上报情况，待批准后，通过自有外汇备付金账户进行外汇补充。

4. 技术护航

支付机构处于跨境贸易的关键位置，是跨境交易参与者的中介，因此，为保障交易的安全，应加大技术的研发力度，提升跨境支付的网络安全技术，如开发可精确验证参与者身份信息的系统，对跨境支付的数据信息进行加密，利用当前先进的大数据及云技术对跨境交易的参与者进行信用等级划分，并在后续交易中对等级低的客户和商家着重考量，为境内外客户提供更安全、更有保障的购物网络环境，从而赢得更多参与者的信赖。

学习园地 ◆

网络安全核心技术加快突破

在2020年中国网络安全产业高峰论坛上，工信部副部长表示，我国网络安全产业取得积极进展，2020年产业规模将超1 700亿元，较2015年翻了一番，增速领跑全球。技术创新明显提升，动态行为分析等一批前沿技术取得创新突破。

"我国网络安全从业企业数量超过3 000家，覆盖了网络安全设备、安全服务、安全软件、安全集成等网络安全各个环节，涌现出一批创新能力强、市场意识好的优秀企业，上市企业20余家，市值超过5 000亿元。"工信部副部长说。

据统计，2019年我国网络安全行业投融资活动40余起，涉及金额超过90亿元，终端安全、应用安全、身份安全、物联网安全、大数据安全、区块链安全和安全服务等成为热点投资领域。

　　2018～2020年，工信部连续3年组织实施工业互联网创新发展工程，累计支持网络安全产业链协同创新、公共服务平台建设等200余个攻关项目，投入财政资金约60亿元，带动社会投资近200亿元，边界防护、态势感知、安全审计、拟态防御等一批核心技术加快突破。

　　此前，工信部连续组织5个批次网络安全技术应用试点示范，累计遴选400余个优秀项目。2020年，聚焦"新基建"安全保障、公共服务能力建设等重点领域，又遴选了5G、工业互联网、智慧城市等171个项目，促进一批具有先进性、实用性的优秀案例示范推广。

　　当前，新一轮科技革命和产业变革深入发展，网络安全风险挑战随之而来。工信部副部长指出，要加快制定促进网络安全产业高质量发展意见，深入实施工业互联网创新发展等一批重大工程，促进网络安全产业现代化、高质量发展。

　　"要大力支持原始创新，持续优化创新模式，积极培育创新主体，打造若干领军企业，发展一批'高精尖'优势特色企业。加大网络安全投入，推动提升其在新型基础设施建设中的占比。"工信部副部长说。

　　此外，还要有效激发市场需求，丰富高端网络安全产品和服务供给，打造公共服务平台、卓越示范中心，强化试点示范，加速优秀解决方案应用推广，加速资源集聚，做精一批网络安全示范园区，深化产融结合，畅通产业链、资金链。

模 块 实 训

实训目的　了解 PayPal 的功能，熟悉 PayPal 账户的申请流程，了解其提现方式。

实训内容

1. 申请账户

请登录 PayPal 官网：https://www.paypal.com。

（1）登录 PayPal 官网后，选择个人账户，单击"下一步"，如图6-7所示。

图6-7　选择个人账户

（2）输入手机号码，单击"下一步"，如图 6-8 所示。

（3）输入收到的验证码，单击"下一步"，如图 6-9 所示。

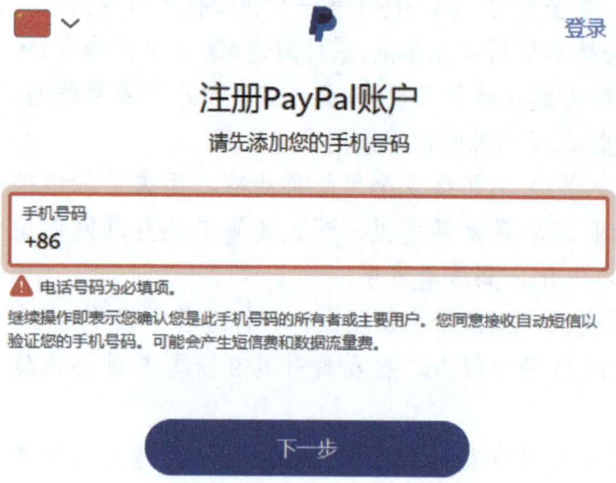

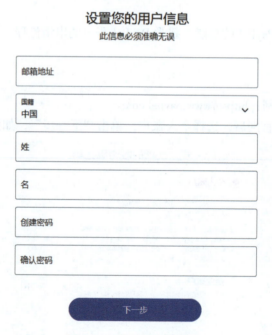

图 6-8　输入手机号码 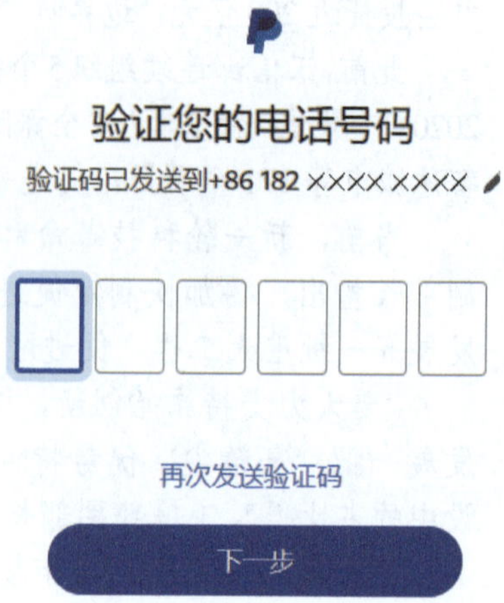　　　　　　　图 6-9　输入验证码

（4）按照提示设置用户信息，注册账号，如图 6-10 所示。

图 6-10　设置用户信息

2. 账号登录

注册完成需要实名认证，用注册好的账号登录 PayPal。

3. 提现

登录 PayPal，找出不同的提现方式。

实训总结

通过对 PayPal 的基本操作，了解跨境电商支付与结算平台的基本情况，并能熟练运用。

课 内 测 试

一、选择题

1. 运输单据结算属于（　　）。
  A．现金/货币支付　　B．票据结算　　　　　C．凭单结算　　　　　D．电信结算

2. 在国际经济活动中的当事人以一定的支付工具和方式，清偿因各种经济活动而产生的国际债权债务的行为是（　　）。
  A．国际支付　　　　B．国际结算　　　　　C．跨境支付　　　　　D．跨境结算

3. 传统跨境支付结算模式除了代理行模式外还有（　　）。
  A．预算行模式　　　B．清算行模式　　　　C．票据结算模式　　　D．汇款模式

4. 银行买进外汇叫作（　　）。
  A．结汇　　　　　　B．售汇　　　　　　　C．收单　　　　　　　D．汇款

5. 以下（　　）不属于规避跨境支付与结算中存在风险的措施。
  A．审核尽责　　　　B．关注汇率　　　　　C．把控方向　　　　　D．政策至上

6. 以下（　　）方式是费率最低的支付方式。
  A．电汇　　　　　　B．银联国际　　　　　C．国际卡组织　　　　D．第三方支付

7. PayPal 的账户类型中适合于个人卖家的是（　　）。
  A．个人账户　　　　B．公共账户　　　　　C．企业账户　　　　　D．高级账户

8. PayPal 的特点不包括（　　）。
  A．全球用户广　　　B．品牌效应强　　　　C．资金周转快　　　　D．使用成本高

9. 以下（　　）不是西联汇款支付方式的缺点。
  A．小额收款手续费高　　　　　　　　　B．不得买家信任
  C．不能很好地适应新型的国际市场　　　D．对商家有利

10. Boleto 是由多家（　　）银行共同支持的一种支付方式。
  A．美国　　　　　　B．巴西　　　　　　　C．中国　　　　　　　D．日本

二、简答题

1. 传统跨境电商支付与结算方式有哪些？
2. 国外跨境电商支付与结算方式有哪些？
3. 应从哪些方面保障跨境电商支付与结算的安全？

Moudle 7

模块七
跨境电商物流与通关

--- 学习目标 ---

知识目标：

◎ 了解跨境电商物流的基本定义及发展。

◎ 熟悉跨境电商物流的模式及优劣。

◎ 掌握跨境电商海外仓、边境仓的基本规定。

◎ 掌握跨境电商通关类型及流程。

◎ 熟悉跨境电商的海关监管规定。

技能目标：

◎ 能够选择正确的跨境电商物流模式，顺利完成不同类型的跨境电商通关。

素养目标：

◎ 了解跨境电商物流对环境的影响，倡导绿色物流。

模块导入

"86mall"信息不符，免邮商品仍需高额运费

某客户选择在"86mall"跨境电商平台购买一度赞泡面和两包棒棒牛辣条。开始网站告知免邮，客户下单后发现要支付跨国运费500多元。而一度赞表示没有货，会将该货品的钱退回到"86mall"账户上，而不是客户所使用的PayPal支付账户上。"86mall"表示，首先新会员活动采取先付后返的形式，运输费用会补贴给每一位新用户，这一点在提交订单时，有相关活动链接说明。其次，具体邮寄的运费取决于商品重量和邮寄方式。客户所订购的方便面，因为调料是粉末和液体，属于敏感品，只能选择特殊方式邮寄，运输线路也是特殊申请的，因此邮寄的费用相对普通方式稍贵。专线邮寄时会参考商品重量和体积重量，取较高者。最后，商品无货退单后，费用自动退回"86mall"账户。如需取款，要发邮件通知平台办理，客户对商家的说法有异议，遂诉诸法院。

【思考题】

商家有哪些不当之处？在跨境电商交易中应该注意哪些问题？

单元一　跨境电商物流概述

一、跨境电商物流的定义

根据国家标准《物流术语》（GB/T 18354—2021），物流被定义为"根据实际需要，将运输、储存、装卸、搬运、包装、流通加工、配送、信息处理等基本功能实施有机结合，使物品从供应地向接收地进行实体流动的过程"。

跨境电商物流是指位于不同国家或地区的交易主体，通过电子商务平台达成交易并进行支付清算后，通过跨境物流送达商品进而完成交易的一项商务活动，是完成国际商务交易最终目的不可缺少的一环。

跨境电商物流路程长、环节多，业务流程包括出口国内揽货备货、境内物流、出口清关、国际货物运输、进口清关、进口国内物流等，作业环节会涉及接单、收货、仓储、分类、编码、理货、分拣、转运、包装、贴标、装卸以及检验检疫、国际结算、报关、纳税、售后服务、退换货物流等，中间与多个国家或地区、多个部门发生业务关联。

二、跨境电商与跨境电商物流的关系

1. 跨境电商物流是跨境电商顺利进行的基础之一

商品达成跨境交易后，只是完成了一个环节，只有商品的实物形态从卖方所在地通过国际货物运输到达买方所在地，才能真正实现跨境电商的目的。因而跨境电商物流是为跨境

电商提供服务，使商品或资源能跨境在全球范围内进行配置的重要环节。

2. 跨境电商物流对跨境电商的发展具有推动力

伴随着现代物流信息化、集成化和移动化的进一步发展，二者之间的融洽发展，有效地降低了跨境电商的成本，影响着跨境电商的消费体验。

3. 跨境电商与跨境电商物流密切相关又各成体系

从业务流程上来看，跨境电商物流是跨境电商的一个环节；从产业上来看，二者在产业发展上既有明确的技术边界、产品边界、业务边界和市场边界，又存在着模糊性，例如在跨境电商中有专门建立自营物流体系的，即跨境电商与物流产业在业务与商业模式上存在着重合部分，但又不完全一样。

三、跨境电商物流企业类型

1. 传统零售企业自身物流系统

传统大型零售企业如沃尔玛、家得宝、Cdiscount等，其自身的业务量庞大，足以支撑跨境电商物流的需求，在发展跨境电商业务时，成立自己的物流系统，完成业务流程。

2. 传统国际运输、邮政企业

实力雄厚的国际运输、邮政企业，如中远、中集、马士基、万国邮政体系等，由于长期从事国际货物运输业务，在出现跨境电商业务之后，在原有的业务上增加跨境电商部分。

3. 隶属于某些大型制造企业的物流公司

隶属于大型制造企业的物流公司或物流职能部门，如海尔物流、安得物流等已有良好的物流运作平台，可借助企业资源经营跨境电商物流业务。

4. 传统电子商务企业自身物流体系

传统的电子商务企业将自身跨境电商业务的发展，扩展到物流市场，建立了物流体系，如京东物流、阿里巴巴的菜鸟物流、兰亭集势的兰亭智通、亚马逊物流等。

5. 传统快递企业

在国内从事物流行业的传统快递企业，如UPS、FedEx、顺丰物流、京东物流等，有在国内从事物流业务的经验，凭借长期积累的优势资源，将国内业务扩展到跨境电商物流领域。

6. 新兴的跨境物流企业

为顺应跨境电商业务的发展需要，跨境电商物流市场涌现出一批新兴企业，如俄速通、SPSR Express、Intelipost、Axado、Loggi、递四方、出口易等。

单元二　跨境电商物流的模式

一、跨境电商 B2B 模式下的物流

1. 海洋运输

海洋运输是国际货物运输最主要的方式。据统计，全球海洋货物运输量占全部国际货物运输量的比例大约为 80%。海洋运输运力强，天然航道四通八达，不受道路限制，如遇特殊情况还可改道航行。相比其他运输方式，海洋运输运量大，运输费用低，单位运输成本约为铁路运输的 1/5、公路运费的 1/10、航空运输的 1/30，但是海洋运输也有速度慢、风险大、易受自然条件影响等不足。

2. 航空运输

航空运输是运输方式中运输速度最快的一种，具有货运质量高，且不受地面条件的限制等优点，因此有些跨境电商将原有海运的集装箱批量贸易，拆散为高频次、零散式、碎片化的小额贸易订单，目前越来越多的出口货物以航空包裹的形式呈现。

3. 国际铁路运输

国际铁路运输涉及国家多、要求高、运距远、运输时间相对较短、成本低，受自然条件影响较小，运输风险小于海洋运输，但是涉及面广，手续较为复杂。我国传统的国际铁路运线有两条：一条从俄罗斯的西伯利亚大陆桥贯通中东、欧洲各国；另一条从我国江苏连云港经新疆维吾尔自治区与哈萨克斯坦铁路连接，贯通俄罗斯、波兰、德国至荷兰的鹿特丹。后者被称为新亚欧大陆桥，运程比海运缩短 9 000 公里，比经由西伯利亚大陆桥缩短 3 000 公里。

4. 国际多式联运

国际多式联运是按照国际多式联运合同，以至少两种不同的运输方式，由多式联运经营人把货物从一国境内接管地点运至另一国境内指定交付地点的货物运输。国际多式联运是在国际集装箱运输和集装箱国际标准化的基础上发展起来的，在国际货物运输中占据主要位置。国际多式联运可以有海铁联运、海空联运、陆空联运等不同的类型。

二、跨境电商 B2C 模式下的物流

1. 商业快递

商业快递是通过批发、零售和储存环节，把各生产企业的产品在一定物流据点集中起来，然后再经过储存、分拣、流通加工、配送等业务，将商品送到零售商或消费者手中的整个过程。

（1）UPS。

跨境电商 B2C 模式下的物流

UPS 是世界知名快递承运商与包裹递送公司，提供四种主要业务服务：UPS Worldwide Express Plus（全球特快加急服务）、UPS Worldwide Express（全球特快服务）、UPS Worldwide Express Saver（全球速快服务）、UPS Worldwide Expedited（全球快

捷服务）。UPS 的优缺点及对包裹的要求见表 7-1。

表 7-1　UPS 的优缺点及对包裹的要求

优　点	速度快，服务好 比较适合发快件 提供在线发货，全国 100 多个城市提供上门取货 可覆盖的国家和地区广，支持一票多件 美洲等线路具有绝对优势，尤其是加拿大、美国和南美 货物可送达全球 200 多个国家和地区
缺　点	运费较贵，要计算产品包装后的体积重量 对托运货物有比较严格的限制 计算单件超重费、超长费
要　求	1 长 +2 宽 +2 高大于 266 厘米而小于 320 厘米，需加收附加费 16 美元 / 箱；在 320～410 厘米时，需加收附加费 130 美元 / 箱

（2）TNT。

TNT 为企业和个人提供快递和邮政服务，是全球领先的快递服务商，总部位于荷兰，主要在欧洲、亚太、南美和中东地区拥有公路和航空运输网络。TNT 的优缺点及对包裹的要求见表 7-2。

表 7-2　TNT 的优缺点及对包裹的要求

优　点	可以提供限时和限日快递服务，其中包括两种能够翌日送达的快递服务和经济快递服务 速度较快，到西欧 3 个工作日左右 可送达国家比较多 查询网站信息更新快 遇到问题响应及时
缺　点	需要考虑产品体积重量 对所运货物限制比较多
要　求	长×宽×高（立方米）×200（千克 / 立方米），根据体积重量与实际重量，两者取其高；或者将包装的长、宽、高（厘米）相乘，再除以 5 000。根据货物大小选择 单件包裹三条边的长度分别不能超过 240 厘米、150 厘米、120 厘米 单件超过 50 千克收加托费人民币 100 元左右 单件超过 70 千克的货物需卸卡板，全球服务单件超过 30 千克的货物需打卡板，否则拒收

（3）FedEx。

FedEx 联邦国际快递是一家国际性速递集团，总部设于美国田纳西州。其主要业务包括联邦快递优先服务（FedEx IP）和联邦快递经济服务（FedEx IE）。FedEx 的优缺点及对包裹的要求见表 7-3。

表 7-3　FedEx 的优缺点及对包裹的要求

优　点	适合 21 千克以上的大件，到中南美洲和欧洲的价格较有竞争力，去其他地区的运费较贵 网站信息更新快，查询响应迅速 网络覆盖全面
缺　点	折扣较少，价格较贵 需要考虑产品体积重量，且体积重量超过实际重量按体积重量计算 对所运物品限制较多
要　求	体积限制：单件包裹最长边 ≤ 243 厘米，长 + 宽 ×2 + 高 ×2 ≤ 330 厘米 重量限制：单票的总重量 ≤ 300 千克，超过 300 千克需提前预约；若一票多件，其中每件的重量 ≤ 68 千克，单件或者一票多件中的单件包裹超过 68 千克，也需提前预约

（4）DHL。

DHL 业务遍布全球 220 多个国家和地区，是全球国际化程度最高的公司之一。DHL 的优缺点及对包裹的要求见表 7-4。

表 7-4　DHL 的优缺点及对包裹的要求

优　点	速度快，去欧洲一般 3 个工作日，到东南亚一般 2 个工作日 可送达国家网点比较多 查询网站货物状态更新较及时，遇到问题解决速度快 21 千克以上物品更有单独的大货价格，部分地区大货价格比国际 EMS 还要便宜 通过货代还能拿到五折左右的折扣
缺　点	走小货的话，价格较贵不划算，也需要考虑产品体积重量 对托运物品限制比较严格，拒收许多特殊商品
要　求	单票计费重量在 20.5 千克以内（含 20.5 千克）不足 0.5 千克按 0.5 千克计费，20.5 千克以上不足 1 千克按 1 千克计费 单件单边长度超出 120 厘米或单件重量超过 70 千克，加收超长超重费 单件实重不可超过 250 千克 单件货物不可超过长度 140 厘米或宽度 140 厘米或者高度 130 厘米

2. 邮政物流

中国邮政速递物流主要经营国内速递和国际速递，拥有享誉全球的"EMS"特快专递品牌等物流品牌，目前主要包括优先类（如国际 EMS）、标准类（如 e 邮宝）、经济类（如平常小包），以及海外仓配服务等类型。

（1）国际 EMS。

国际 EMS 全称是国际（地区）特快专递，是中国邮政速递物流与各国（地区）邮政合作开办的我国与其他国家和地区之间寄递特快专递邮件的一项服务，在各国（地区）邮政、海关、航空等部门均享有优先处理权。国际 EMS 的优缺点及对包裹的要求见表 7-5。

表 7-5　国际 EMS 的优缺点及对包裹的要求

优　点	投递网络强大，覆盖范围广，价格较为便宜，以实际重量计费，不算体积重量 享有优先通关权，且清关时可不用提供商业发票，通关不过的货物可以免费运回国内，而其他快递一般要收费 寄往俄罗斯以及南美等国家具有绝对优势 比较适合小件的物品，以及时效性要求较低的货物
缺　点	相对于商业快递来说，速度较慢 查询网站信息更新不及时，出现问题后只能做书面查询，耗费的时间较长 不能一票多件，运送大件货物价格较高
要　求	尺寸： 标准 1：任何一边的尺寸都不得超过 150 厘米，长度和长度以外的最大横周合计不得超过 300 厘米 标准 2：任何一边的尺寸都不得超过 105 厘米，长度和长度以外的最大横周合计不得超过 200 厘米 标准 3：任何一边的尺寸都不得超过 105 厘米，长度和长度以外的最大横周合计不得超过 250 厘米 标准 4：任何一边的尺寸都不得超过 105 厘米，长度和长度以外的最大横周合计不得超过 300 厘米 标准 5：任何一边的尺寸都不得超过 152 厘米，长度和长度以外的最大横周合计不得超过 274 厘米 每件限重 30 千克，内装易碎物品或流质物品的邮件，每件限重 10 千克

（2）e 邮宝。

e 邮宝（e Packet）业务是中国邮政为适应跨境轻小件物品寄递需要开办的标准类直发

寄递业务，主要针对小件物品的空邮业务。目前国际 e 邮宝分为美国 e 邮宝、英国 e 邮宝、澳大利亚 e 邮宝、加拿大 e 邮宝、法国 e 邮宝。截至 2022 年 6 月，e 邮宝业务已通达俄罗斯、美国、巴西、西班牙、法国、荷兰、英国、澳大利亚、加拿大等 35 个国家及地区。e 邮宝的优缺点及对包裹的要求见表 7-6。

表 7-6　e 邮宝的优缺点及对包裹的要求

优　点	经济实惠，免收挂号费和退件费 时效快，7 ~ 10 天即可妥投，价格低，安全可靠 服务专业，为中国电子商务卖家量身定制 服务优良，提供包裹跟踪号，一站式操作
缺　点	不受理查单业务 不提供邮件丢失、延误赔偿 不适合寄送价值较高的货物
要　求	单件限重 2 千克（俄罗斯 3 千克、以色列 5 千克、英国 5 千克） 长、宽、高合计不能超过 90 厘米，最长边不能超过 60 厘米

（3）平常小包。平常小包是基于万国邮联网络的经济类直发邮寄服务，主要针对 2 千克以下的小件物品，目前可达 200 多个国家和地区，通过线上与线下两种渠道进行发货。平常小包的优缺点及对包裹的要求见表 7-7。

表 7-7　平常小包的优缺点及对包裹的要求

优　点	成本低，可最大限度地降低成本，且交寄方便 性价比高，为经济型产品，渠道多样，部分路向提供航空、陆运多种运输方式
缺　点	不适合寄送价值较高的货物
要　求	限重：2 千克 最大：长、宽、高合计 90 厘米，最长一边不得超过 60 厘米，误差不超过 0.2 厘米；圆卷状的，直径的两倍和长度合计 104 厘米，长度不得超过 90 厘米，公差不超过 0.2 厘米 最小：至少有一面的长度不小于 14 厘米，宽度不小于 9 厘米，误差不超过 0.2 厘米；圆卷状的，直径的两倍和长度合计 17 厘米，长度不得少于 10 厘米

3. 专线物流

（1）中俄航空 Ruston。

中俄航空 Ruston（俄速通）是由黑龙江俄速通国际物流有限公司打造的针对俄语系国家的电商物流。2014 年 3 月，俄速通上线阿里巴巴速卖通，2015 年 1 月，俄速通上线敦煌网，成为被平台卖家广泛认可的对俄业务的物流专线服务商。

中俄航空 Ruston 的优势主要有：

1）时效快：包机直达俄罗斯，80% 以上包裹 25 天内到达买家目的地邮局。

2）交寄便利：深圳、广州、金华、义乌、杭州、宁波、上海、苏州、北京 1 件起免费上门揽收，揽收区域或非揽收区域也可自行发货到指定集货仓。

3）赔付保障：邮件丢失或损毁提供赔偿，可在线发起投诉，投诉成立后最快 5 个工作日完成赔付。

另外还有芬兰邮政经济小包、速优宝芬兰邮政、139 俄罗斯专线、俄路通自提服务、中俄快递 SPSR 等中俄专线。

（2）Special Line-YW。

Special Line-YW（燕文航空挂号小包）是北京燕文物流有限公司通过整合全球速递服务资源，利用直飞航班配载，由国外合作伙伴快速清关并进行投递的服务。已开通拉美专线、俄罗斯专线、印度尼西亚专线。

Special Line-YW 的优势体现在：

1）时效快。

2）交寄便利。深圳、广州、金华、义乌、杭州、宁波、上海、苏州、北京提供免费上门揽收服务，揽收区域之外可以自行发货到指定集货仓。

3）赔付保障：邮件丢失或损毁提供赔偿，可在线发起投诉，投诉成立后 1～3 个工作日完成赔付。

（3）Aramex。

Aramex 是全球国际快递联盟创始成员，也是第一家在纳斯达克上市的中东地区企业。在中东、南亚、北非地区，Aramex 国际快递在价格和清关方面具有绝对优势。

中东专线具有以下特点：时效快，正常时效为 3 个工作日。价格便宜，清关顺利，但 Aramex 专线主要优势在中东地区，区域性很强。

学习园地

阿里巴巴推出绿色物流 2020 计划

2020 年 5 月，由菜鸟牵头，阿里巴巴各核心板块北京聚首，共同启动了绿色物流 2020 计划，包括天猫直送全部把快递袋升级为环保袋；淘宝和闲鱼的上门取件服务，环保快递袋覆盖全国 200 个城市，零售通要实现百万小店纸箱零新增，城市配送新能源车 100 城开跑，盒马要达到物流全程"零"耗材，饿了么则要推广绿色环保外卖联盟等。

除了携手阿里巴巴各板块，菜鸟还将通过电子面单、智能路由、智能切箱等科技手段，进一步向行业开放绿色技术，助力行业绿色升级，让我国所有包裹用上环保面单，一年覆盖 400 亿包裹；通过智能路由优化包裹里程，减少 30% 配送距离，实现物流降本增效，要在所有菜鸟驿站小区实现快递回收箱覆盖。

国家生态环境部副部长曾表示，菜鸟网络、三通一达、百世、天天、阿里巴巴公益基金会与中华环境保护基金会合作，以行业联合的形式，推动物流绿色发展，是非常有益的尝试。中华环境保护基金会秘书长介绍，阿里和菜鸟在快递行业率先开启了绿色行动，为物流行业的绿色发展树起了一面旗帜。

单元三　跨境电商海外仓与边境仓

一、海外仓的概念及发展

海外仓是指在买方国内设置的存放货物的仓库，卖方在国外客户下订单之前就将货物运至海外仓，在客户下单后，由海外仓直接实现本地发货配送。海外仓是跨境电商企业能够更好地为海外客户提供本土化增值服务的有利条件。建设海外仓不仅有利于海外市场的拓展，而且能够缩短订单周期，降低物流成本，从而有效提升客户购物体验，提高客户消费黏性。

随着跨境电商的快速发展，跨境电商物流中海外仓数量也迅猛增长。据统计，2021 年我国海外仓的数量已超过 2 000 个，总面积超 1 600 万平方米，并出现了不同模式。

1. 海外仓 1.0 版

海外仓 1.0 版是我国出口企业自营产品的海外物流服务场所（自建仓），目前占据海外仓的大多数比例，主要集中于美国、德国、英国、日本、澳大利亚等发达国家。据调查，我国自建仓的卖家中有 81% 在美国有仓库，50% 在德国有仓库，37% 在英国有仓库。其中，美国仓库数量在自建仓卖家的所有仓库数量中占比达到 45%，是我国跨境电商第一大市场。

2. 海外仓 2.0 版

海外仓 2.0 版是服务于跨境电子商务的智能化仓储中心，主要是小额日用品 B2B 交易，通过阿里巴巴、敦煌网等互联网平台成交及完成国际物流配送。我国的物流公司如顺丰、菜鸟网络、韵达、圆通、申通等也在国外设立大量海外仓，其中顺丰设立了东欧仓、中欧仓、德国仓、俄罗斯仓和美国仓等。

3. 海外仓 3.0 版

海外仓 3.0 版是跨境电商平台与仓储物流服务平台、外贸厂家及电商卖家的多方订单协同和信息互动，直接完成国内厂家商品从仓储、运输到海外尾程派送至消费者的一站式物流服务，是近年来涌现的新型跨境电子商务复合型服务模式。

海外仓的类型

二、海外仓的类型和使用

海外仓有助于解决跨境物流时限长以及运输风险问题，有助于提高单件商品利润率，其稳定的供应链有助于增加商品销量。海外仓采取的集中运输模式突破了商品重量、体积和价格的限制，有助于扩大销售品类，同时大幅降低单件商品的平均运费。海外仓也有助于提升卖家的账号表现，减轻卖家仓储和物流的压力。但是海外仓也有自己的不足之处，例如海外仓库存压力大，仓储成本高，资金周转不便，卖家无法像管理自己的仓库一样管理海外仓，海外仓本地化运作涉及的当地法律问题较为复杂等。目前主要的海外仓类型有以下三种。

1. 跨境电商平台的海外仓

这类海外仓是由跨境电子商务平台建立的，例如亚马逊物流（Fulfillment by Amazon，FBA）海外仓模式。对于采用 FBA 发货的亚马逊卖家，首先将货物发运至亚马逊的仓库，客户下单后由亚马逊直接安排配送，通常可以在客户下单后 2～3 天送达。采用 FBA 发货时，除平台佣金之外，亚马逊还要收取订单处理费、包装费、称重费以及仓储费等费用。

使用海外仓的企业主要有：刚刚开展跨境电子商务出口贸易的企业，缺乏品牌效应和跨境仓储物流人才与管理经验的中小型生产企业，品牌成熟但在目标国市场销量不大的耐用品跨境电子商务出口企业。FBA 的优劣势见表 7-8。

表7-8 FBA的优劣势

优　势	劣　势
● 提高商家店铺的产品介绍页排名，提高客户的信任度，提高销售额 ● 多年丰富的物流经验，仓库遍布全世界，智能化管理 ● 仓库大多靠近机场，配送时效快 ● 全天候专业客服，可以提高用户体验 ● 可帮助卖家排除由物流引起的差评与纠纷	● 费用比国内发货稍微偏高，但是也要看产品重量 ● 只能用英文与客户沟通，灵活性差 ● 如果前期工作没做好，标签扫描出问题会影响货物入库，甚至入不了库 ● 退货地址只支持卖家的站点地址（如美国）

2. 自建仓

出口企业自建仓模式仓储货物种类和数量自由，容易自己掌控，但是自建仓成本很高，不是一般的企业能够承受的，所以采用自建仓的企业较少。使用自建仓的主要是具有良好品牌效应的易耗品大型出口贸易商，已经开展跨国经营的国内大型消费品生产企业。自建仓的优劣势见表7-9。

表7-9 自建仓的优劣势

优　势	劣　势
● 自行管理、控制，自由度高 ● 仓库内存储位置更具灵活性	● 占用大量资金 ● 需自行招聘仓储管理人员 ● 存储弹性小，大促及活动人手不够 ● 仓库租用的面积固定 ● 自购系统，一般10万元起，每年续费

3. 第三方海外仓

第三方海外仓模式是在目标国境内经由第三方仓储物流企业为客户提供当地的储存配送服务。这种模式的建仓成本、风险和经营难度均介于跨境电子商务平台海外仓模式与自建仓模式之间。相较于自建仓，第三方海外仓服务商大多实力较雄厚，可以很好地帮助卖家解决清关问题，积极响应并处理各种异常事件。双方一般采取合作方式，因业务比较灵活，对跨境电子商务出口企业而言，拥有更为广阔的选择空间。第三方海外仓的优劣势见表7-10。

表7-10 第三方海外仓的优劣势

优　势	劣　势
● 专业人员集中精力做专业的事情 ● 运营成本降低，不需要配置仓库人员及硬件设施 ● 有效降低仓库闲置率，存储弹性大 ● 集中管理，节省仓位，降低成本 ● 仓库提供系统，免费使用 ● 成熟的收发货流程及完善的退换货流程	● 自由度低，需与仓库配合流程运作 ● 需及时掌握库存，以避免产品不足

▶ 小贴士

速卖通海外仓发货地

速卖通海外仓所在地遍及美国、英国、德国、西班牙、法国、意大利、俄罗斯、澳大利亚、印度尼西亚等国家，其所在地及辐射范围见表7-11。

表 7-11　速卖通海外仓所在地及辐射范围

海外仓所在地	辐 射 范 围
美国	美国、加拿大、墨西哥、巴西、智利
英国	英国、西班牙、葡萄牙、法国、丹麦、芬兰、捷克、希腊、土耳其、比利时、挪威、荷兰、爱尔兰、意大利、德国、比利时、瑞典、波兰、拉脱维亚
德国	德国、西班牙、葡萄牙、法国、丹麦、英国、芬兰、捷克、希腊、土耳其、挪威、意大利、爱尔兰、比利时、瑞典、荷兰、拉脱维亚、波兰
西班牙	西班牙、法国、英国、捷克、土耳其、意大利、比利时、荷兰、波兰、拉脱维亚、瑞典、德国、爱尔兰、挪威、希腊、芬兰、丹麦、葡萄牙
法国	法国、西班牙、英国、捷克、土耳其、意大利、比利时、荷兰、波兰、拉脱维亚、瑞典、德国、爱尔兰、挪威、希腊、芬兰、丹麦、葡萄牙
意大利	意大利、西班牙、法国、英国、捷克、土耳其、比利时、荷兰、波兰、拉脱维亚、瑞典、德国、爱尔兰、挪威、希腊、芬兰、丹麦、葡萄牙
俄罗斯	俄罗斯
澳大利亚	澳大利亚
印度尼西亚	印度尼西亚

三、海外仓选品定位与思路

海外仓选品的时候，首先确定在哪个国家建立海外仓，确立目标市场；其次了解当地买家市场需求，渠道可以多样化，例如通过以前的外贸交易信息、当地的信誉、当地的评价指标排名，还可以通过可信任的客户、代理或者从当地电商平台了解和调查；最后就是在国内寻找类似产品，开发海外仓产品。开发的时候要考虑产品的单个销量、单个到仓费用、单个毛利及毛利率、月毛利、成本收益率等。一般海外仓选品定位主要分四类情况考虑。

（1）高风险，高利润。比如一些体积大或超重的大件物品，国内小包无法运输，或者运费太贵的产品（家具、灯具、大型汽配、户外产品）。

（2）高风险，低利润。比如国内小包和快递无法运送的产品（带锂电池产品、化妆品类产品）。

（3）低风险，高利润。比如日用快消品，非常符合本地需求，以及需要快速送达的产品（工具类、家居必备用品、母婴用品）。

（4）低风险，低利润。比如在国外市场热销的产品，批量运送更具优势，可均摊成本（3C配件、爆款服装）。

（1）和（3）类适合做海外仓品，（2）和（4）类不太适合海外仓。特别是3C配件这类利润不高的产品需要酌情考虑。

四、海外仓的运作流程与费用

海外仓的运作流程一般分为三个阶段，即出口国头程运输、海外仓储管理和进口国本地配送。

1. 出口国头程运输

卖家自己将商品运至海外仓储中心，或者委托承运商将货物发至承运商海外的仓库，这段国际货运可采取海运、空运或者快递方式到达仓库。这个阶段的费用主要有头程运费。

头程运费：从目的国之外的国家发送到目的国仓库所产生的国际货运费用。由于是批量运输，所以单位运费非常便宜，从而能够降低成本，提高竞争力。

2. 海外仓储管理

海外仓严格按照卖家指令对货物进行存储、分拣、包装等操作。卖家使用物流商的物流信息系统，远程操作海外仓储的货物，并且保持实时更新。货物到达进口国后会产生海关税费，这一阶段还有海外仓储费用。

海关税费：主要指海关关税、增值税和消费税等税费。因为批量运输情况下，进出口海关一般将其视为货物进出口，会按照相关法律征收进出口关税、增值税和消费税。

海外仓储费用：指海外仓储费和管理及订单操作费，即货物在海外仓所产生的存储费用，以及货品上架、分拣、打印标签、贴标签等所产生的费用。

3. 进口国本地配送

当获得订单后，卖家指令海外仓将货物交给国外本土物流，进行当地配送，发货完成后系统会及时更新，以显示库存状况，让卖家实时掌握。这个阶段的费用有本地配送费。

本地配送费：指目的国国内运费。以美国为例，大多数配送都是通过美国快递公司（UPS、FedEx、DHL等）完成的，这些费用一般也需要卖家承担。

五、边境仓

海外仓位于境外目的地，边境仓一般位于商品输入国的邻国。

1. 边境仓的分类

边境仓按仓库的位置分为两种：相对边境仓和绝对边境仓。

相对边境仓是指将仓库设立在与商品输入国不相邻却相近的国家。

绝对边境仓是指将仓库设立在与商品输入国相邻的国家。

目前，我国的边境仓主要指对俄边境仓，主要服务于俄罗斯及俄语地区，也有一小部分建在新疆，主要服务于中东和中亚地区。

2. 边境仓的优势

（1）提高物流时效作用非常明显。以我国对俄边境仓为例，15 ~ 20 天即可以覆盖俄语地区。

（2）货物安全更有保证。相比海外仓，边境仓里的货物安全更有保证，能够避免海外货物存储的风险，也避免了使用海外仓大宗货物要涉及的烦琐的清关流程。

（3）成本优势比较明显。以我国对俄边境仓为例，因为边境仓建在国内，成本相对于俄罗斯等国家更加有优势。

（4）国际运费较为便宜。边境仓因为离目的国距离较近，所以国际运费也更加便宜，并且边境仓的国际物流可以接驳陆路运输方式，陆运和空运对比成本较低，而且对运输的货物限制较少，只要不是相关国家明令禁止的货物基本都可以运输。

单元四 跨境电商物流的发展困境与对策建议

一、我国跨境电商物流的发展困境

1. 物流运营成本高，时效性差

一般情况下，跨境电商物流配送费用都很高，批量发货环节，发货商可以得到邮递商的折扣服务，但若是单件商品运输，成本则大大提高。大多数跨境电商卖家采用的是低投入的国际小包或者集中发货的方式，但这些方式商品运输时间长，加之海关查验及清关等过程，商品运输效率低下，且易丢包，消费者购买行为受到影响。

2. 物流体系不合理

随着跨境电子商务的飞速发展，顺丰、圆通、申通、韵达等物流企业的国际物流体系已经初步形成。但由于忽略了过剩的跨境物流需求，没有从跨境物流的根本需求出发，构建更为合理的物流体系，国内有些物流公司由于发展过快并且行业内良莠不齐，出现恶性竞争等问题。

3. 政策法规不完善

近年来，我国陆续出台了多项政策对跨境电商进行扶持。但我国跨境电商的服务产业链发展依然滞后，虽然海关、出入境检验检疫、税务、外汇管理等部门的服务措施有所增强，物流配套企业之间的信息流通也越来越标准化，但是配套的法律法规和信用体系还不健全，完整的供应链体系也尚未形成，跨境电商和物流企业的成长在很大程度上受到阻碍。

4. 专业人才不足

跨境电商需要的是复合型人才，不仅要懂电子商务，还要对跨境物流有所了解。虽然我国的大部分高校都设置了电子商务和物流等相关专业，但很少有将电子商务与物流整合的专业，更不用说跨境电子商务和国际物流相结合的专业，造成跨境电商人才短缺。另外，由于我国大部分中小跨境电商企业实力不强，规模不大，能够提供的成长空间有限，难以吸引技术高、能力强的跨境电商人才。

5. 信息化水平不高

由于成本过高，跨境电商卖家物流服务中并没有完全运用先进的信息技术，因此条码

检验、电子信息数据交换、地理信息系统和全球卫星导航系统配送中心的合理选择、运输最佳线路的确定以及库存良好的控制等问题还没有得到有效解决。跨境电商的商品到达客户手中受递送周期的长短、产品质量的把控、物流人员服务态度等一系列因素影响，任何一个环节出现问题，都会影响客户满意度。

二、我国跨境电商物流走出困境的对策建议

1. 提高海外仓的使用效率

跨境电商本身具有总批量大、分批量小的明显优势。通过建立海外仓，跨境电商的大部分平台运营商将货物成批地运送到海外仓中存储，当线上订单生成就可以直接从海外仓发货。订单的反应时间和物流运输效率都将大大提升。海外仓的商品库存足，跨境电商平台还可以开展消费者满意的退换货服务，既保证了售后服务质量，又彻底解决了消费者退货时与商家之间沟通不畅的难题。海外仓的模式需要能够准确预测市场，如果货物不畅销就很容易导致商品滞销并压仓，增加了跨境平台卖家的成本。海外仓确实有很多优势，但是其成本居高不下，如果企业没有足够的经济能力一般是不提倡建设海外仓的。在节省成本方面，第三方海外仓越来越受多数中小企业的青睐。企业与企业合作建立海外联盟仓同样可以降低物流风险及成本。

2. 完善通关服务

大部分跨境电商物流都采用常用的报关方式来通关，降低了跨境电商物流的效率。可通过搭建电商企业通关服务平台，使物流公司与国内外电商平台及海关电子口岸平台直接对接；推动跨境电商物流的标准化和规范化建设，研究和分析跨境电子商务物流发展的特点和规律，提高货物通关服务质量，加强跨境电子商务的国际合作。

3. 加快跨境电商人才培养

目前，我国跨境电商发展突飞猛进，但跨境电商物流发展滞后，制约了跨境电商的发展速度。大部分的传统企业有转型跨境电商的意识，但是没有合适的跨境电商人才，使转型难以达到预期效果。可采用校企合作的方式，加快和增强跨境电商企业与高校的合作，有效满足跨境电商企业对人才的急切需求；尽快制定并实施行之有效的人才培养方案，培养更多跨境电商应用人才；争取政府及教育主管部门的经费及政策支持，为跨境电商人才培养提供保障。

4. 加强信息技术应用

标准化、专业化和信息化是我国跨境电商物流体系改革的方向。跨境电商物流服务体系的标准化可以降低货损率和货物丢包率；跨境电商平台与物流公司各部门在连接端口上的逐步完善，货物流转和仓储等信息的标准化都有利于更好地提供物流服务。构建智能数据库，对用户的需求量进行较为准确的分析，可降低库存成本；自动生成发货日期及所需商品数量，了解商品所处的地理位置，可实现物流及时配送并且高效解决海外仓存在的积压问题；整个物流配送过程可追踪，降低货物的丢包率，提高消费者满意度。

5. 畅通信息反馈渠道

物流企业作为第三方关系人，为国内跨境卖家和海外消费者提供了一座便利的桥梁。作为独立的经济个体，物流企业不仅可以出售自己的服务，还可以直接接受客户的付款和得到客户的评价。跨境电商企业在与第三方物流公司建立共同配送模式的同时，还可签订更加长期稳定的合作协议，由物流公司利用自身便利性，为客户的个性化需求设立专门的反馈渠道，直接接受客户的评价。这种出于双方长远利益的合作，不仅有利于客户对第三方物流公司服务质量进行监督，还可使跨境卖家掌握客户信息，从而增加供应链各环节的紧密度，保证跨境电子商务服务业务的质量。

单元五　跨境电商通关流程及监管模式

跨境电商通关流程
及监管模式

　　跨境电商进口商品申报前，跨境电子商务企业或电子商务交易平台企业、支付企业、物流企业应当分别通过跨境电商通关服务平台（以下简称"服务平台"）如实向海关传输交易、支付、物流等电子信息。跨境电子商务零售出口商品申报前，跨境电子商务企业或其代理人、物流企业应当分别通过服务平台如实向海关传输交易、收款、物流等电子信息。

一、跨境电商通关流程

跨境电商通关流程包括两大部分，一是申报前发送信息，二是办理通关手续。

1. 申报前发送信息

向海关发送订单、支付、物流等信息，如实、逐票办理货物通关手续："货物清单""物品清单""进出口货物报关单"采取通关无纸化作业方式进行申报；企业以"货物清单"方式办理申报手续时，按照一般进出口货物有关规定办理征免税手续，并提交相关许可证件；个人以"物品清单"方式办理申报手续时，按照进出境个人邮递物品有关规定办理征免税手续，属于进出境管制的物品，需提交相关部门的批准文件。

2. 办理通关手续

按照"清单核放、汇总申报"的方式，办理海关手续：企业或代理人将上月结关的"货物清单"依据清单表头同一经营单位、同一运输方式、同一启运国/运抵国、同一进出境口岸，以及清单表体同一10位海关商品编码、同一申报计量单位、同一法定计量单位、同一币制规则进行归并，按照进、出境分别汇总形成"进出口货物报关单"向海关申报。汇总形成"进出口货物报关单"向海关申报时，无须再次办理相关征免税手续及提交许可证件。申报时间要求每月15日前，当月15日是法定节假日或者法定休息日的，顺延至其后的第一个工作日。

二、跨境电商进出境通关的监管模式

目前，跨境电商进出境通关的监管模式分为跨境 B2B 和跨境 B2C，共包括七种模式：9710、9810、0110、1039、9610、1210 和 1239，如图 7-1 所示。

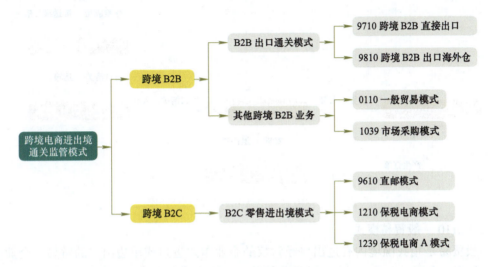

图 7-1　跨境电商进出境通关监管模式

1. 跨境 B2B

跨境 B2B 相关的通关模式主要有四种：9710、9810、0110、1039。

（1）9710 跨境电商 B2B 直接出口模式。

境内企业通过跨境电商平台与境外企业达成交易后，通过跨境物流将货物直接出口至境外企业。此类监管方式主要用于跨境电商 B2B 平台直接出口的货物，包括亚马逊、eBay、Wish、速卖通、阿里巴巴等电商平台以及自建站。9710 跨境电商 B2B 直接出口模式如图 7-2 所示。

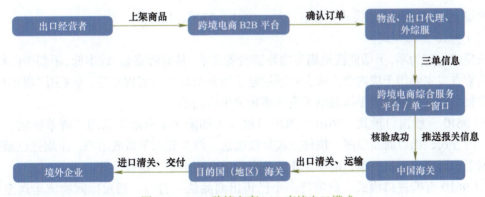

图 7-2　9710 跨境电商 B2B 直接出口模式

（2）9810 跨境电商 B2B 出口海外仓模式。

境内企业将出口货物通过跨境物流送达海外仓，通过跨境电商平台实现交易后从海外仓送达购买者。此类监管方式主要用于跨境电商出口海外仓的货物，包括亚马逊 FBA、第三方海外仓以及自建海外仓。9810 跨境电商 B2B 出口海外仓模式如图 7-3

所示。

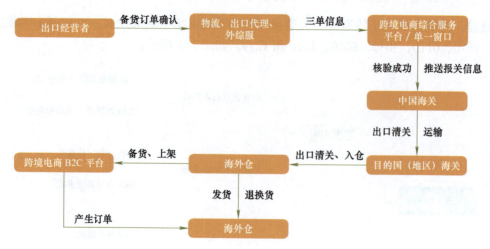

图 7-3　9810 跨境电商 B2B 出口海外仓模式

（3）0110 一般贸易模式。

一般贸易是指我国境内有进出口经营权的企业单边进口或单边出口的贸易，企业需要随附委托书、合同、发票、提单、装箱单等单证。该监管方式适用于境内企业与境外企业通过传统贸易方式达成的交易。

（4）1039 市场采购贸易模式。

由符合条件的经营者在经国家商务主管部门认定的市场集聚区内采购的、单票报关单商品货值 15 万（含 15 万）美元以下，并在采购地办理出口商品通关手续的贸易方式。此类监管方式适用于：义乌国际小商品城、山东临沂商城工程物资市场、武汉汉口北国际商品交易中心、泉州石狮服装城、湖南高桥大市场、亚洲国际家具材料交易中心、成都国际商贸城等。

2. 跨境 B2C

跨境 B2C 相关的通关模式主要有三种：9610、1210、1239。

（1）9610 直邮模式。

该模式化整为零，灵活便捷地满足境外消费者需求，具有链路短、成本低、限制少的特点。此类监管方式主要用于境内个人或企业通过电子商务交易平台实现交易，并采用"清单核放、汇总申报"模式办理通关手续的电子商务零售进出口商品。

1）9610 一般出口模式。9610 一般出口模式（如图 7-4 所示）采用"清单核放、汇总申报"的方式，出口商品以邮、快件方式分批运送，海关凭清单核放出境，定期把已核放清单数据汇总形成出口报关单，电商企业或平台凭此办理结汇、退税手续。

2）9610 直购进口模式。商家将多个已售出商品统一打包，通过国际物流运送至国内的保税仓库，电商企业为每件商品办理海关通关手续，经海关查验放行后，由电商企业委托国内快递派送至消费者手中。每个订单附有海关单据，如图 7-5 所示。此类监管方式较为灵活，不需要提前备货，相对于快件清关而言，物流通关效率较高，整体物流成本有所降低。但是需在海外完成打包操作，海外操作成本高，且从海外发货，物流时间稍长。

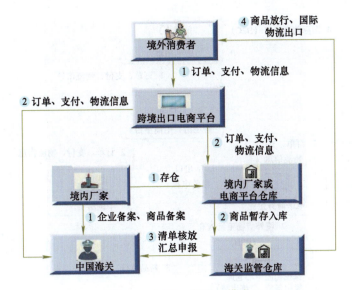

图 7-4　9610 一般出口模式

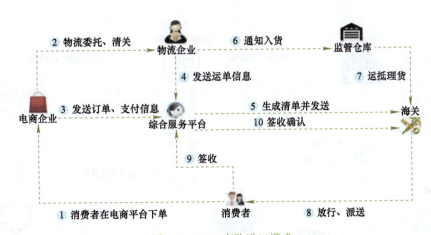

图 7-5　9610 直购进口模式

（2）1210 保税电商模式。

海关总署公告 2014 年第 57 号表示自 2014 年 8 月 1 日起，增列海关监管方式代码 1210，全称"保税跨境贸易电子商务"，简称"保税电商"，俗称"备货模式"。

1）1210 保税出口模式。商家将商品批量备货至海关监管下的保税仓库，消费者下单后，电商企业根据订单为每件商品办理海关通关手续，在保税仓库完成贴面单和打包，经海关查验放行后，由电商企业委托物流配送至消费者手中。1210 保税出口模式如图 7-6 所示。

2）1210 保税进口模式。其主要流程是跨境商品通过国际物流批量运输至境内，办结一线进境通关手续后，进入区域（中心）专用仓库仓储备货，境内消费者在电商平台下单购买区域（中心）内网购保税商品，相关企业分别向海关传输交易、支付、物流等电子信息，申报"申报清单"，海关通过跨境电商进口统一版系统审核"申报清单"，"申报清单"放行后，仓储企业根据订单分拣打包，办理出区域（中心）手续，再由国内物流送递境内消费者。1210 保税进口模式如图 7-7 所示。

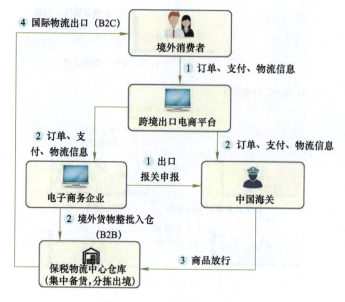

图 7-6　1210 保税出口模式

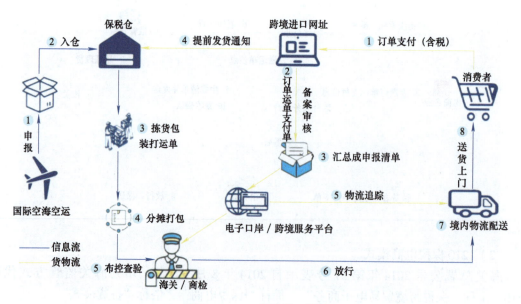

图 7-7　1210 保税进口模式

（3）1239 保税电商 A 模式。

海关总署公告 2016 年第 75 号表示，增列海关监管方式代码 1239，全称"保税跨境贸易电子商务 A"，简称"保税电商 A"，适用于境内电子商务企业通过海关特殊监管区域或保税物流中心（B 型）一线进境的跨境电子商务零售进口商品。同时，区别于 1210 监管方式的是，上海、杭州、宁波、郑州、重庆、广州、深圳、福州、平潭、天津 10 个试点城市暂不适用 1239 监管方式开展跨境电子商务零售进口业务。

国内保税进口分成两种：一是海关总署公告 2016 年第 75 号前批复的 10 个保税进口试点城市，二是该公告后开放保税进口业务的其他城市。由于海关总署公告 2016 年第 75 号后续出现了暂缓延期措施，且暂缓延期措施仅针对此前的 10 个城市，因此海关在监管时，将二者区分开来：对于免通关单的 10 个城市，继续使用 1210 代码；对于需要提供通关单的其他城市（非试点城市），采用新代码 1239。1239 保税电商 A 模式如图 7-8 所示。

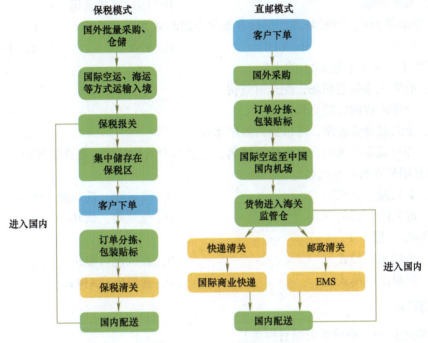

图 7-8　1239 保税电商 A 模式

模 块 实 训

实训目的　了解不同的跨境物流方式，掌握其特点，为更好地为跨境货物选择合适物流打下坚实基础。

实训内容
根据各跨境物流的特点、优劣势及操作流程进行分析，为订单选择合适的物流方式。

实训总结
通过对各种不同跨境物流的特点及优劣势进行分析，能够为跨境电商货物做出正确的选择。

课 内 测 试

一、选择题

1. 以下（　　）是新兴跨境物流产业。

　A. 兰亭智通　　　　B. 俄速通　　　　　C. FedEx　　　　　D. 安得物流

2. 出口跨境零售电商（B2C）模式下的物流有（　　　）。

    A．国际航空　　　　　　　　　　　　B．商业快递

    C．海洋运输　　　　　　　　　　　　D．国际多式联运

3. 到中南美洲和欧洲的物流价格较有竞争力的跨境物流方式是（　　　）。

    A．EMS　　　　　　B．UPS　　　　　　C．TNT　　　　　　D．FedEx

4. 下列（　　　）不是FBA的优势。

    A．仓库大多靠近机场，配送时效快

    B．仓库内存储位置更具灵活

    C．全天候专业客服，可以提高客户体验

    D．提高商家店铺的产品介绍页排名，提高客户的信任度，提高销售额

5. 母婴用品在海外仓选品定位中属于（　　　）。

    A．高风险，高利润　　　　　　　　　B．高风险，低利润

    C．低风险，高利润　　　　　　　　　D．低风险，低利润

6. "9610"属于（　　　）。

    A．市场采购模式　　　　　　　　　　B．直购进口模式

    C．保税出口模式　　　　　　　　　　D．保税电商A模式

二、简答题

1. 跨境电商物流企业的类型有哪些？

2. 跨境电商的海外仓目前有几种类型？

3. 请列出我国跨境电商通关的四种主要模式。

Moudle 8

模块八

跨境电商客户服务

学习目标

↘ **知识目标：**

◎ 了解跨境电商客户服务的重要性、要求、知识和素质。

◎ 掌握速卖通的客户服务体系。

◎ 熟悉客户服务沟通的方法。

↘ **技能目标：**

◎ 掌握跨境电商售前、售中、售后客户服务沟通方法。

↘ **素养目标：**

◎ 培养学生对文化差异的敏感性，增强学生在意识形态领域的主导权和话语权，树立民族自豪感和自信心。

模块导入

上海某公司是一家跨境电子商务公司，其主营类目为女装、女鞋、女包类，在亚马逊平台上开设了多个站点。

有一次，一位客户收到其购买的一件印花衬衫后要求退货。客户服务人员先是表示感谢她的购买，并询问想要退货的原因。客户表示图片与实物存在色差，客户服务人员的回复是由于拍摄地设备和光线的问题，图片很难做到与实物完全相符，并询问是否能接受15%的优惠券，客户依然坚持要求退款。此时，客户服务人员将网站的退换货政策告知客户：收到货物15天内可无条件进行退换货，但是运费由客户个人承担，并说明公司的仓库位于中国境内，退换货的运费将大于商品本身价值，询问客户是否能接受10%的部分退款，客户表示同意。

可见，客户在跨境电子商务平台上下单购买后，并不意味着一项交易的结束。据调查显示，如果客户在网上购物后能收到卖家提供的相关后续信息，那么客户对此类卖家的忠诚度要比对其他卖家高出4倍，可见售后服务是整个交易过程的服务重点之一。做好售后服务，提高客户满意度，可以给卖家带来额外的交易，提升商品的曝光排名，对其他客户的购买行为以及卖家的星级和享受到的资源也会产生一定影响。

单元一　跨境电商客户服务概述

一、跨境电商客服的定义

客户服务（Customer Service）是指以客户为导向，为其提供服务并使之满意。广义而言，任何能提高客户满意度的内容都在客户服务的范围之内。

跨境电商客服是充分利用各种互联网工具并以网上即时通信为主，为客户提供相关服务的人员。所提供的服务一般包括：客户答疑、促成订单、完成销售、咨询服务等几个方面。

二、跨境电商客服的知识储备

1. 理论知识

（1）熟悉主营产品的内涵和外延，能够提供专业而又全面的产品信息咨询。每天熟悉和掌握2～3款产品，了解产品的相关知识，从产品相关参数、使用说明，到常见问题的解决，都要掌握清楚，一定要给客人留下专业印象。

（2）熟悉平台规则，了解店铺后台，把握店铺整体评论、评分以及产品星级评分和评论内容。

（3）熟悉平台费用体系以及产品定价公式。

（4）熟悉常用物流渠道的到货时间和查询方法。

（5）熟悉常规问题的解决思路，流程化解决一般性问题。

（6）熟悉国外消费者的消费习惯和消费性格、购物时间、忌讳事项、热门节日。

2. 技能知识

（1）具备良好的英语听说读写能力。

（2）具备良好的沟通能力以及随机应变能力，对产品敏感度高，具备成本核算能力。

（3）具备客户管理能力。

三、跨境电商客服的工作内容

1. 售前客服

售前客服的工作内容是在订单成交前，为买家购买提供相关指导，包括购物流程、产品介绍，以及支付方式等。

售前客服工作四大主题：

售前客服

（1）产品相关：产品的功能和兼容性、相关细节明细、包裹内件详情咨询。

（2）交易相关：付款方式和付款时间等交易流程咨询。

（3）物流相关：运送地区和运送时间、能否包邮等物流问题咨询。

（4）费用相关：合并运费、批发购买、关税、是否能优惠等费用问题咨询。

2. 售中客服

售中客服的工作内容主要是发货确认和物流问题，告知客户产品的物流信息，以让客户掌握产品动向。

售中客服

3. 售后客服

售后客服的工作内容在产品销售之后，为客户提供订单查询、跟踪指导、包裹预计到货时间咨询以及产品售后服务对接等。

售后客服

当客户联系跨境电商售后客服时，往往是客户发现产品、物流运输或是其他服务方面出现了问题，许多跨境电商卖家每天收到的邮件中有将近七成是关于产品和服务的。在跨境电商行业中，遇到产品或服务问题时，售后处理的方案成本往往会高于国内电商的处理，退换货处理模式在跨境电商中不再广泛适用，跨境电商最常见的处理方式是免费重发或是退款。跨境电商客服在解决售后问题时，要引导客户选择对卖家而言成本最低的处理方案，尽量在保证客户满意的基础上将损失赔偿降到最低。

相比国内客户，海外客户在店铺成交之后，一旦拥有良好的购物体验会产生更高的依赖性，从而再次购买店铺的产品。因此，做好客户的维护也是跨境电商客服的重要工作内容之一。客户维护可以让客户感受到卖家的服务态度，加强客户的满意度，呵护双方感情，赢得客户信任，使得客户不易流失。

单元二　速卖通客户服务体系

速卖通客户服务体系主要负责解答客户咨询、解决售后问题、促进销售以及管理监控，其工作目标包括保障账号安全、降低售后成本以及促进再次交易。

一、速卖通卖家客户服务的基本规则

速卖通要求卖家对于客户提出的任何关于产品或服务的问题，都尽可能做出完整的解答，提出可行的方案。在与客户沟通时，速卖通要求卖家除充分了解所经营的行业和产品，以及透彻掌握跨境电子商务各个流程之外，还应努力引导客户情绪，控制损失，敏锐地发现大客户，持续定期与客户沟通，解决客户的顾虑或疑惑，为客户提供安全、稳妥的物流方案。

二、速卖通平台对卖家客户服务能力的评估

速卖通平台设置了"卖家服务等级"这一指标。卖家服务等级本质上是一套针对卖家服务水平的评级机制，一共分为四级：优秀、良好、及格和不及格。不同等级的卖家将在橱窗数量、平台活动、店铺活动等方面享有不同的资源。优秀卖家将获得"Top-rated Seller"标志，客户可以在搜索商品时快速发现优秀卖家，并选择优秀卖家的商品下单。服务等级的分级标准及资源对照表见表 8-1。

表 8-1　服务等级的分级标准及资源对照表

分级标准及资源	服务等级			
	优　秀	良　好	及　格	不　及　格
分级标准	上月每日服务分均值大于等于90分	上月每日服务分均值大于等于80分且小于90分	上月每日服务分均值大于等于60分且小于80分	上月每日服务分均值小于60分
橱窗推荐数	3个	1个	无	无
平台活动权利	优秀参加	正常参加	正常参加	不允许参加
直通车权益	开户金额返利20%，充值金额返利10%(需至直通车后台报名)	开户金额返利15%，充值金额返利5%(需至直通车后台报名)	无特权	无特权
营销邮件数量	2 000	1 000	500	0

速卖通卖家服务等级每月末评定一次，下月 3 号前在后台更新，根据上月服务分均值计算得来，根据计算结果将卖家划分为优秀、良好、及格和不及格四个等级，卖家可在后台首页或卖家服务等级页面查看每日服务分、当月服务等级、产生不良体验的订单或商品。不同等级的卖家将获得不同的平台资源，搜索排名受每日的服务得分影响，每日服务分数越高，对搜索排名越有利。

每日服务分采用百分制考核方式，一共六个考核项，每天更新。每日服务分等于六个考核单项得分之和，即每日服务分（满分 100）= 成交不卖率（单项满分 10）+ 未收到货物纠纷提起率得分（单项满分 15）+ 货不对版提起率得分（单项满分 15）+DSR 商品描述得分（单项满分 30）+DSR 卖家服务得分（单项满分 15）+DSR 物流服务得分（单项满分 15）。每日服务分考核指标见表 8-2。

表 8-2 每日服务分考核指标

考 核 项	单项满分	指标详解
成交不卖率	10	考核期内卖家未全部发货或卖家发货超时或者买家选择卖家原因并成功取消订单 / 考核期内卖家未全部发货或卖家发货超时或者买家选择卖家原因并成功取消订单 + 全部发货的订单数
未收到货物纠纷提起率	15	考核期内买家因未收到货物提起退款（dispute）订单数 − 买家主动撤销退款的订单数 / 考核期内买家确认收货 + 确认收货超时 + 买家提起退款（dispute）的订单数
货不对版纠纷提起率	15	考核期内买家因货不对版提起退款（dispute）订单数 − 买家主动撤销退款的订单数 / 考核期内买家确认收货 + 确认收货超时 + 买家提起退款（dispute）的订单数
DSR 商品描述	30	考核期内 DSR 商品描述准确性平均分
DSR 卖家服务	15	考核期内 DSR 沟通质量及回应速度平均分
DSR 物流服务	15	考核期内 DSR 物品运送时间合理性平均分，不包含采用线上发货且 DSR 物品运送时间合理性 =1、2、3 分的订单

每日服务分考核周期为截至上月底开店时间 ≥ 180 天且过去 30 天内考核订单量 ≥ 60 笔的卖家，考核周期为 30 天；截至上月底，过去 90 天内考核订单量 <60 笔的卖家，不参加卖家服务等级考核；其他卖家考核周期为 90 天。不参加卖家服务等级考核的卖家，默认享有的权益等同于及格，这部分卖家需努力提升订单量，以获得参加考核的资格。

三、速卖通卖家评价规则解析

下面将着重解析速卖通的卖家评价规则，全球速卖通卖家得分页面如图 8-1 所示。

卖家评论

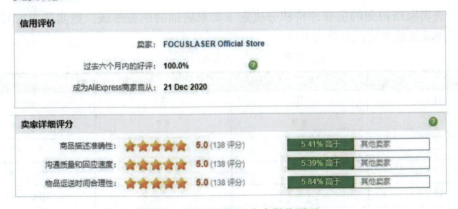

图 8-1 全球速卖通卖家得分页面

1. 评价分类

全球速卖通渠道的评价分为信誉评价和卖家分项评价两类。

（1）信誉评价。信誉评价是指买卖双方在订单完成后对对方信誉状况的评价，是双向的评价。信誉评价包含五分制评分和评论两部分。

（2）卖家分项评价。卖家分项评价是指客户在订单完成后以匿名的方式对卖家在商品描绘的准确性、沟通质量及回应速度、物品运送时间合理性三方面做出的评价，是客户对卖家的单向评价。

卖家全部发货的一切订单，在交易完成 30 天内买卖双方均可评价。假如双方都未做出评价，则该订单不会有任何评价记载；如一方在评价期间内做出评价，另一方在评价期间内未评价，则系统不会给评价方默许评价（卖家分项评价也无默许评价）。

2. 评分计算方法

除特殊情况外，速卖通会正常核算商家的各项评分和商家信誉评价积分。不管订单金额，统一为：好评加 1 分，中评不加也不减，差评减 1 分。

（1）客户在同一个天然旬（每月 1～10 日、11～20 日、21～31 日为每月的三个天然旬）内对同一个卖家做出一个评价的，该客户订单的评价星级则为当笔评价的星级（天然旬核算的是美国太平洋时间）。

（2）客户在同一个天然旬内对同一个卖家做出多个评价，依照评价类型（好评、中评、差评）汇总核算，即好中差评数都只各计一次（包含一个订单里有多个产品的状况）。

（3）在卖家分项评价中，同一客户在一个天然旬内对同一卖家的商品描绘的准确性、沟通质量及回应速度、物品运送时间合理性三项中某一项的多次评分只算一个，该客户在该天然旬对某一项的评分核算方法如下：均匀评分 = 客户对该分项评分总和÷评估次数（四舍五入）。

以下三种情况不管客户留差评或好评，仅展现留评内容，都不核算好评率及评价积分。

（1）成交金额低于 5 美元的订单（成交金额为客户支付金额减去售中的退款金额，不包含售后退款情况）。

（2）客户提起未收到货纠纷，或纠纷中包含退货情况，且客户在纠纷上升到仲裁前未主动撤销。

（3）对运费补差价、赠品、定金、结账专用链、预售品等特殊产品的评价。

3. 卖家信誉等级

速卖通卖家所得到的信誉评价积分决定了卖家店铺的信誉等级。速卖通卖家与买家信誉等级详细象征及对应积分见表 8-3。

表 8-3　速卖通卖家与买家信誉等级详细象征及对应积分

等级	卖家	买家	信用度积分（分）
L1.1			3～9
L1.2			10～29
L1.3			30～99
L1.4			100～199
L1.5			200～499
L2.1			500～999
L2.2			1 000～1 999
L2.3			2 000～4 999
L2.4			5 000～9 999
L2.5			10 000～19 999
L3.1			20 000～49 999
L3.2			50 000～99 999
L3.3			100 000～199 999
L3.4			200 000～399 999
L3.5			400 000 及以上

速卖通卖家信誉等级评定的相关资料都记录在卖家评价档案中。评价档案包含近期评价摘要（会员公司名、近 6 个月好评率、近 6 个月评价数量、信誉度和会员开始日期）、评价前史（最近 1 个月、3 个月、6 个月、12 个月及前史累计的时间跨度内的好评率、中评率、差评率、评估数量和均匀星级等目标）和评价记载（卖家得到的一切评价记载、给出的一切评价记载以及在指定时间段内的指定评价记载）。其中，均匀星级 = 一切评价的星级总分 ÷ 评价数量；卖家分项评价中各单项均匀评分 = 客户对该分项评分总和 ÷ 评价次数。

速卖通有权删去评价内容中包含人身攻击或其他不当言论的评价。若客户信誉评价被删去，则对应的卖家分项评价也随之被删去。

单元三　跨境电商客户服务与沟通工作模板

一、售前客户服务

境外客户在下单前或付款前遇到一些麻烦或问题，客户服务人员要在短时间内解决客户问题，加强客户付款的意愿。以下为部分售前客户服务沟通模板，供大家参考。

1. 客户初次光顾

当客户光顾你的店铺并询问产品信息时，售前客户服务人员与客户初次打招呼要亲切、自然，尽量在初步沟通时把产品情况介绍清楚。

沟通模板：

Hello, dear friend.Thank you for your visiting to my store. You can find the products you need in my store. If there is nothing you need, you can tell us, we can help you find the source. Please feel free to buy anything! Thanks again.

2. 客户还价

当客户有购买意图，并询问价格和折扣的时候，客户服务人员要回应客户的还价要求。通常在客户购买多件同类商品时，可考虑给予一定的折扣。

沟通模板：

Thank you for your interest in our item. We are sorry for that we can't offer you that low price your bargained. Our profit margin is already very limited. However, We'd like to offer you some discount if you purchase more than 3 pieces in one order, a 5% discount will be given to you. Thanks.

3. 客服回复信息不及时

若遇到周末回复客户信息不及时，客服人员要表示歉意，错过了最佳 24 小时回复时间，可通过主动打折的方式赢得客户。

沟通模板：

Dear friend, I am sorry for the delayed response due to the weekend. And to show our apology for our delayed response, we will offer you 5% off. Please let me know if you have any further questions. Thanks!

二、售中客户服务

售中客户服务除了对订单进行正常的跟踪之外，可能会遇到由于物流、发货、海关等原因导致不能正常出货。客户对此心存疑虑，客服应及时沟通，取得客户的信任和理解。

1. 恶劣天气导致物流延误

当遇到恶劣天气导致物流延误，首先可向客户表示歉意，并告知会密切关注订单物流情况，可通过给客户发放优惠券等方式来弥补由此带来的不便。

沟通模板：

Dear friend,

Your order has been shipped since Wednesday. But we feel so sorry to inform you of a possible delay because of bad weather. We will keep a close eye on your order, and let you know as soon as possible if there is anything new. In order to make up for the possible inconvenience, we will offer you a 10 dollars coupon, which can be used in your next order with us.

2. 漏寄货物

当发生货物漏寄时，首先应向客户道歉，并承诺尽快发货。为了弥补客户的损失，也可以采取给客户发放优惠券的方式来解决。

沟通模板：

We apologize for having left out the ×××, and promise to send it as soon as possible. In order to make up for your inconvenience, we will send you an 10% off discount coupon, which you can use whenever you want in our store. Please forgive us for your inconvenience.

3. 海关清关

当货物由于海关政策需要清关出现延迟到货时，请告知客户海关或者平台的相关政策要求，并及时配合海关完成清关手续。

沟通模板：

We have kept a close eye on your order, and we are sorry to see that your package has been kept at Shanghai Customs for several days, which needs customs clearance. According to Amazon requirements and customs rules, you are supposed to clear with the valid 18-character Citizen ID Number of the recipient written on the package. We hope you will get your package soon.

三、售后客户服务

1. 产品出现质量问题

（1）产品出现不可解决的质量问题，客服应该询问客户需要退货还是重发。

沟通模板：

Hi, I am sorry to hear that.

Maybe you are very disappointed with our product, I apologize for your inconvenience. But this does not usually happen.

Would you like a replacement to be sent to you? This time, I will contact our colleague in warehouse to test the replacement carefully before sending out. But if you insist on a refund, please let me know. We can refund you after we receive your return.

We just would like to provide a happy buying experience to you. Hope you can consider it and give us a reply.

（2）产品出现质量问题，且换货解决不了问题，客服可劝客户接受退款。

沟通模板：

Dear friend, Sorry about that, we got news from our supplier, as this issue is still hasn't been confirmed.

We cannot ensure the replacement will solve this issue. Maybe the replacement will have the same issue, in order to save you time, we suggest you buy from another seller, is that ok? We will provide you RMB to return this one back for refund , could you accept?

2. 客户买错产品

客户买错产品，客服可建议客户保留原产品，给折扣重买正确的产品。

沟通模板：

Thanks for your message. I am sorry to hear that you bought the wrong item.

Usually we don't accept item returns without any defects. However as you need one item number, I advice you to send us ×××(how much money), hope you can understand we did offer you a great discount. In this way, there is no need for you to return the previous wrong item and we will resend you a correct item.

As you know, if you return it back, you need to take it to the post office and pay for the postage and restocking fee. Once we received the return, we will arrange the reshipment. That will take about 2 ~ 3 weeks for you to get a new item or refund.

What do you think? If you agree, here is our account. Once you send the money please tell me here, and I will arrange the reshipment in time. If you don't agree, please let me know, I will offer you other solution.

3. 客户想取消订单

订单已经生成，客户要取消交易，客服应为其进行退款操作。

沟通模板：

Thanks for your mail and I will cancel the order and refund you. Your refund will be arranged today and you will receive it in 48 hours, so please kindly check your PayPal account after 48 hours.

By the way, I will send you a cancel the transaction link for you, could you help to accept it, please kindly understand that doing business is not a easy thing, what is more, every transaction we should pay for PayPal commission and eBay transaction fees, so could you help to accept the link for me, if I send it to you later? Thanks.

If you have any problem, you can contact me freely.

4. 请客户取消中差评

对于中差评，客服可请求客户取消并且表示愿意进行部分或者全额退款。

沟通模板：

Dear customer,

We are extremely sorry to hear that you have left a negative feedback for us. We really didn't realize that you were so mad at us. I'd like to solve the problem for you and I will always try my best. You see, we are just a small shop selling small items with little margins of profit and business is really not very good now. Could you please do me a favor to remove the negative feedback for me? It really has such a great influence on us. We would like to bear all the loss to resend you a new one or make a full refund to you. Can you accept that? Let me know your idea asap please.

学习园地

跨境电商的文化差异

跨文化交流是全球一体化的时代特征，要想抓住互联网＋跨境电商的机遇，就要研究和对比全世界不同地区的文化和语言体系，考虑这个国家的消费文化、行为模式。跨境电商可针对不同的消费行为、消费心理，在信息不对称的情况下产生的盈利空间。定制化生产可以让企业获得有差异化的竞争力，可以塑造品牌核心竞争力，强化与用户的互动关系，增加用户黏性，但前提是要符合用户需求，这就需要研究用户心理。

模 块 实 训

实训目的　了解跨境电商客户服务的重要性、要求、知识和素质，掌握其特点，为更好地进行客户服务打下坚实基础。

实训内容

（1）回复客户关于价格、退换货等方面的咨询，学会处理客户诉求。
（2）掌握速卖通卖家服务规则。

实训总结

通过了解跨境电商客户服务的基本操作，了解跨境电商平台的服务规则，能熟练应对客户所提出的诉求。

课 内 测 试

一、选择题

1. 跨境电商服务的工作内容包括（　　　）。
    A. 售前客服　　　　　B. 售中客服　　　　　C. 售后客服　　　　　D. 不提供客服
2. 卖家服务等级是对卖家服务水平的评级机制，分为（　　　）级别。
    A. 优秀　　　　　　　B. 良好　　　　　　　C. 及格　　　　　　　D. 不及格

二、简答题

1. 售前客服工作内容分为哪几个方面？
2. 售后客服的工作内容有哪些？
3. 由于恶劣天气导致物流延误，客服人员应如何回复客户的咨询？

Moudle 9

模块九

跨境电商数据分析

学习目标

↘ 知识目标：

◎ 了解跨境电子商务市场调研的含义以及市场调研的流程和方法。

◎ 掌握市场调查方案包含的内容、调查问卷设计的相关技巧。

◎ 掌握使用 Excel FORECAST 函数进行预测的方法。

◎ 了解用户画像以及用户画像的作用。

◎ 掌握百度指数的搜索方法。

↘ 技能目标：

◎ 能对收集的资料数据进行统计、整理、展示、分析。

↘ 素养目标：

◎ 遵守职业道德，在调研过程中不弄虚作假。

模块导入

跨境电商数据化选品案例

　　UR 是快尚时装（广州）有限公司旗下品牌，自 2006 年在中国广州开出第一家店铺，经过 10 年的发展，现于上海、北京、广州、成都、大连等城市开设有近百家店铺。2013 年，UR 注册了天猫旗舰店，并每周每店进行两次货品更新，每年推出近万款新品，致力于让消费者的每一次入店都有眼前一亮的新鲜感。

　　跨境电商外贸逐渐兴起，UR 也看好国际外贸市场，想迈进跨境电商的行业。对于有着国内网络运营平台的 UR 公司来说，进入跨境电商有着绝对的优势。

【思考题】

　　你认为 UR 公司该如何进行数据化分析选择市场以及如何选品呢?

单元一　跨境电商市场调研

跨境电商数据分析

一、市场调研的定义

　　市场调研是市场调查与市场研究的统称。它是个人或组织根据特定的决策问题而系统地设计、搜集、记录、整理、分析及研究市场各类信息资料、报告调研结果的工作过程。

　　市场调研是一种借助信息把消费者、顾客及公共部门和市场联系起来的特定活动。这些信息用以识别和界定市场营销的机会和问题，产生、改进和评价营销活动，监控营销绩效，增进对营销过程的理解。

二、市场调研的流程

市场调研的流程如下:

（1）确立调研目标。

（2）确定调查方案。

（3）确定信息的类型和来源。

（4）确定收集资料的方法。

（5）设计调查问卷。

（6）确定抽样方案及样本容量。

（7）收集资料。

（8）分析数据资料。

（9）展示数据资料。

（10）得出结论，撰写最终调研报告。

三、市场调研的方法

1. 文案调研

文案调研主要是对来自网上的资料和图书馆的书籍信息等二手资料的收集、整理和分析。随着移动互联时代的到来，对互联网产生的海量大数据进行深度分析和挖掘正成为当下的时兴，也越来越得到人们的重视。

2. 实地调研

实地调研可分为询问法、观察法和实验法三种。

（1）询问法。询问法是调查人员通过各种方式向被调查者发问或征求意见来搜集市场信息的一种方法。它可分为深度访谈、GI 座谈会、问卷调查等方法，其中问卷调查又可分为电话访问、邮寄调查、留置问卷调查、入户访问、街头拦访等调查形式。

（2）观察法。它是调查人员在调研现场，直接或通过仪器观察、记录被调查者行为和表情，以获取信息的一种调研方法。

（3）实验法。它是通过实际的、小规模的营销活动来调查关于某一产品或某项营销措施执行效果等市场信息的方法。实验的主要内容有产品的质量、品种、商标、外观、价格、促销方式及销售渠道等。它常用于新产品的试销和展销。

3. 特殊调研

特殊调研包括固定样本、零售店销量、消费者调查组等持续性实地调查，投影法、推测试验法、语义区别法等购买动机调查，以及 CATI 计算机调查等形式。

4. 竞争对手调研

通过一切可获得的信息来查清竞争对手的状况，包括产品及价格策略、渠道策略、营销（销售）策略、竞争策略、研发策略、财务状况及人力资源等，发现其竞争弱势点，帮助企业制定合适的进攻战略，扩大自己的市场份额；另外，对竞争对手最优势的部分，需要制定回避策略，以免发生对企业的损害事件。

四、市场调查方案与问卷调查设计

1. 市场调查方案的定义

市场调查是一项复杂的系统工程，工作量大，内容繁杂，研究的目的和任务又客观要求调查资料的准确性、全面性和及时性，为了做好本阶段的工作，在调查工作开始之前，必须制定一个纲领性文件，对整个阶段的工作进行统筹考虑、合理安排，保证调查工作的效率和质量，这个纲领性文件就是调查方案。调查方案是调查工作有计划、有组织、有系统进行的保证，其设计的质量对调查数据的质量有直接影响。

2. 市场调查方案的内容

（1）调查目的。调查目的是任何一套方案首先要明确的内容，是行动的指南。

（2）调查对象和调查单位。调查对象即总体，调查单位即总体中的个体。

（3）调查项目和调查表。调查项目是指对调查单位所要登记的内容。调查表就是将调查项目按一定的顺序排列形成的一种表格。调查表一般有两种形式：单一表和一览表。单一表是在一个表格中只登记一个调查单位的内容；一览表是把许多调查单位的项目放在一个表格中，它适用于调查项目不多时。

（4）调查时间和调查期限。调查时间是指调查资料所属的时间。调查期限是指调查的时间长度。

（5）调查地点。调查地点是指调查资料在什么地点接受调查，调查项目要选取的样本区域。

（6）调查方式和方法。也就是采用什么样的方式和方法取得调查资料。统计调查的方式包括普查、抽样调查、重点调查、典型调查、统计报表五种形式，在设计调查方案时，要根据调查对象和研究任务选择一种调查方式，或结合使用多种调查方式。调查方法，即调查资料的具体搜集方法，包括访问法、问卷法、电话法、观察法等。

（7）调查的组织和实施计划。即按计划开展市场调查。

3. 市场调查方案的设计

根据市场调查方案包含的内容，市场调查方案的设计可以采用 5W2H 法。具体如下：

（1）确定调查目的（Why），明确为什么调查，调查目的要符合客观实际。

（2）确定调查对象和调查单位（Who），也就是明确调查谁、调查的范围。

（3）确定调查项目和调查表（What），明确调查什么，设计调查表格或调查问卷。

（4）确定调查时间和调查期限（When），如果是时期现象，要明确调查对象选取的是从何年何月何日起至何年何月何日止的资料；如果调查的是时点现象，就要规定统一的标准时点。

（5）确定调查地点（Where），明确调查资料选取的地点范围。

（6）确定调查方式和方法（How）。

（7）确定调查的组织和实施计划（How），包括人员配备与培训、文件准备、经费预算、资料报送方法等。

4. 调查问卷的设计

近些年，问卷调查不仅成为市场调查的重要环节之一，也是其他调查搜集资料的一种主要方式。问卷调查也称问卷法，是设计者运用统一设计的调查问卷向被调查者了解情况、征询意见、收集信息的调查方法。过去的问卷调查大多以纸质问卷为主，随着网络的发展，网络问卷因其方便性和经济性成为更受人们欢迎的资料收集方式。

调查问卷又称调查表，是社会调查研究中收集资料的一种工具，是以问题的形式系统地记载调查内容的一种文件，其实质是为了收集人们对于某个特定问题的态度、行为特征、价值观、观点或信念等信息而设计的一系列问题。

5. 调查问卷的类型

（1）根据载体的不同，调查问卷可分为纸质问卷和网络问卷。纸质问卷调查，就是调查公司通过雇佣工人来分发这些纸质问卷，并回收答卷。网络问卷调查，就是用户依靠一些在线调查问卷网站提供的服务来进行市场调查，这些网站提供的服务包括设计问卷、发放问卷、分析结果等。

（2）按照问卷的结构，调查问卷可以分为无结构型问卷和结构型问卷两种。无结构型问卷是一种不具严谨结构，不需设计一定格式的问卷。无结构问卷均为开放式问卷，调查表上没有拟定可选择的答案，所提出的问题由被调查者自由回答而不加任何限制。如："你对目前我国市场上出售的保健品有何看法？"这种问卷形式的优点是可以搜集到广泛的资料，便于被调查者自由发表意见，缺点是资料难以量化分析。

结构型问卷是对调查表中所提出的问题都设计了各种可能的答案，被调查者从中选择答案。此种问卷便于被调查者回答，有利于资料的收集整理和统计分析，因此在实际中应用较广。

6. 调查问卷的基本结构

（1）问卷标题。标题要有吸引力。

（2）开头部分。开头部分包括问候语、填写说明、调查组织者、选样的原则、调查结果的使用者、保密措施、问卷编号等内容。

（3）背景资料部分。背景资料部分也就是被调查者的基本情况，包括性别、年龄、文化程度、职业、地区等。

（4）主体部分。主体部分通常是指调查问题与选项答案，是调查问卷的核心内容，问题的内容取决于调查的目的和调查的项目。调查问题一般分为开放式问题和封闭式问题两种。开放式问题设置问卷时不确定任何答案，要求被调查者根据问题写出描述性的情况和意见，民主生动，但难于量化处理。封闭式问题设置问卷时预先备有答案，可供被调查者进行选择，答案标准，便于量化处理，但创造性受约束。设计问卷时开放式问题和封闭式问题二者可以结合应用。

7. 调查问卷设计的注意事项

（1）有明确的主题。根据调查主题，从实际出发拟题，问题目的明确，重点突出，没有可有可无的问题。

（2）结构合理，逻辑性强。问题的排列应有一定的逻辑顺序，符合应答者的思维程序。一般是先易后难、先简后繁、先具体后抽象。能引起兴趣的问题先行，开放性问题放最后。

（3）通俗易懂。问卷应使应答者一目了然，并愿意如实回答。问卷中语气要亲切，符合应答者的理解能力和认识能力，避免使用专业术语。用词要确切、通俗，对敏感性问题采取一定的技巧调查，使问卷具有合理性和可答性，避免主观性和暗示性，避免诱导性提问和否定式提问，以免答案失真。

（4）控制问卷的长度。回答问卷的时间控制在 20 分钟左右，问卷中既不浪费一个问句，也不遗漏一个问句。提问内容尽可能短。

（5）便于资料的校验、整理和统计。

五、调查资料的整理与展示

对调查资料进行统计整理是将调查取得的反映个体的原始资料和经过了一定程度加工、整理的次级资料，按照科学的方法进行审核、分组、汇总，使之条理化、系统化，以说明现象总体数量特征的工作阶段。对调查资料进行统计整理是统计工作的中间环节，具有承前启后的作用，它是统计调查工作的继续，又是统计分析工作的前提。

统计整理的内容通常包括：

第一，根据研究任务的要求，选择应整理的指标，并根据分析的需要确定具体的分组。

第二，对统计资料进行汇总、计算。

第三，通过统计表和统计图描述汇总的结果。图表是最行之有效的表现手法，它能非常直观地将研究成果表现出来。

1. 常用的数据分析工具

常用的数据分析工具有很多，如 Excel、SPSS、Minitab、Python、Power BI 等，其中 Excel 以其使用的广泛性和操作的便利性，被广泛应用于制作统计图表，计算和整理分析数据。因此，本部分重点介绍 Excel 在市场调查数据分析中的使用。

2. Excel 数据分析操作

Excel 是微软公司办公软件 Microsoft Office 的组件之一，Excel 具有强大的数据分析和处理功能及简单、高效的操作特性。

（1）数据导入。打开一个新建的 Excel，在上方的菜单栏中单击"数据"选项卡。在"数据"选项卡中可以选择导入数据的来源，比如单击"自文本"导入数据，如图 9-1 所示。

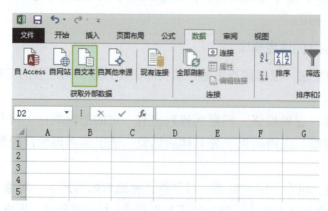

图 9-1 数据导入

（2）在电脑中找到需要导入的数据文件，单击打开数据文件后，页面会显示"文本导入向导"，根据向导提示，单击"下一步"，如图 9-2 所示。

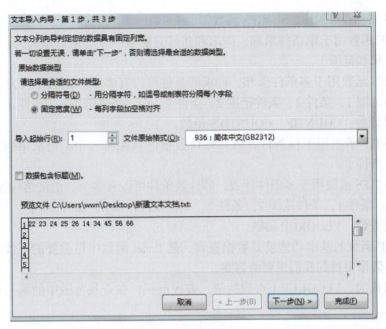

图 9-2　文本导入向导

（3）根据向导设置文件的格式，设置结束后，单击"完成"，如图 9-3 所示。此时，在 Excel 中就可以看到导入的数据文档。

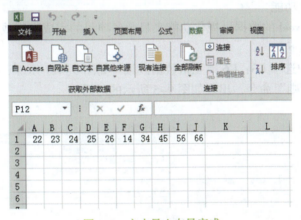

图 9-3　文本导入向导完成

除此之外，Excel 还可以导入来自其他来源的数据。一般来讲，获取数据之后，需要对数据进行清洗，特别是那些通过问卷调查、爬虫软件抓取来的数据，首先要将这些数据的重复项、无效数据、空值等全部清洗掉。

3. 数据处理——使用 Excel 函数

在 Excel 中，函数实际上是一个预先定义的特定计算公式，用户可以用这些公式对指定区域的数据进行指定运算。Excel 函数有很多，在计算机基础课程中，大家已经学习了一些常用的 Excel 函数，如 SUM 函数求和、COUNT 函数计数、AVERAGE 函数计算指定区域的平均值、RANK 函数排序等，下面主要介绍一些在市场调研数据处理中常用的Excel 函数。

（1）条件求和：SUMIF、SUMIFS 函数。

1）SUMIF 函数用于单条件求和，即求和条件只能有一个。语法结构为：SUMIF（条件范围，条件，求和范围）。

2）SUMIFS 函数用于多条件求和，即求和条件可以有多个。语法结构为：SUMIFS（求和范围，条件范围1，条件1，条件范围2，条件2，…，条件范围n，条件n）。

（2）条件计数：COUNTIF、COUNTIFS 函数。

1）COUNTIF 函数用于单条件计数，即计数条件只能有一个。语法结构为：COUNTIF（条件范围，条件）。

2）COUNTIFS 函数用于多条件计数，即计数条件可以有多个。语法结构为：COUNTIFS（条件范围1，条件1，条件范围2，条件2，…，条件范围n，条件n）。

（3）数据查询：VLOOKUP 函数。

VLOOKUP 函数的基本功能就是数据查询，是 Excel 函数中最重要的函数之一，可以帮助我们在很多数据中找到我们想要的答案。

其语法结构为：VLOOKUP（查找的值，查找范围，在查找范围中的第几列，精准匹配还是模糊匹配）。

4. 数据展示

使用 Excel 可以做出直观简洁、形象美观、丰富多彩、通俗易懂的各类图表，通过他们更加生动、形象地呈现数据信息。

（1）数据可视化功能。

我们可以使用 Excel 的数据可视化功能来显示各项目的完成进度或者产品的市场占有率等，具体操作方法如下：

1）在 Excel 表中选中 C3：C6 单元格数据区域（如图 9-4 所示），执行"开始"→"条件格式"→"新建规则"命令，出现如图 9-5 所示的对话框。

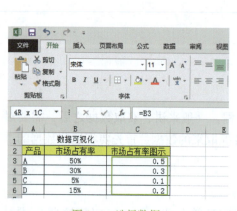

图 9-4　选择数据

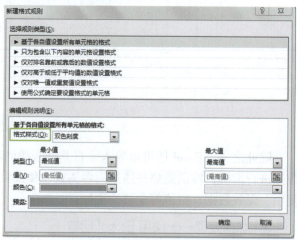

图 9-5　新建格式规则

2）在图 9-5 的"格式样式"中，根据需要选择"图标集"或"数据条"。如果选择"图标集"，需要继续选择"图标样式"，根据需要设定规则，类型选择"数字"，输入设定的规则值数字。图 9-6 中所设定数字的含义为：当值大于等于 0.5 时，显示为绿色向上箭头；当值大于等于 0.2 小于 0.5 时，显示为黄色右向上箭头；当值大于等于 0.1 小于 0.2 时，显示为黄色右向下箭头；当值小于 0.1 时，显示为红色向下箭头。单击"确定"，结果如图 9-7 所示。

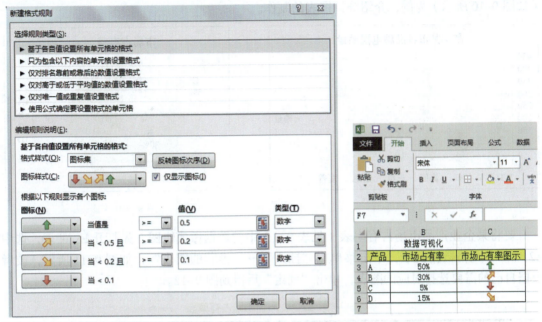

图 9-6 设定规则　　　　　　　　　　　　图 9-7 样式效果

（2）统计图表。

Excel 中有很多图表样式可供展现不同的数据，包括柱形图、折线图、饼图、条形图、面积图等，如图 9-8 所示。在市场调研的数据资料收集上来之后，下一步要做的就是数据资料的整理与展示，为下一步的市场调研报告做准备。如何把一份数据用直观的图表表现出来关系到市场调研报告的质量。

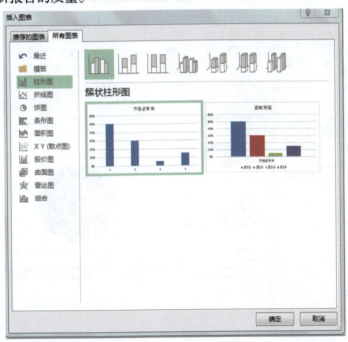

图 9-8 Excel 图表类型

市场调研中使用较多的图表为柱形图（如图 9-9 所示）、条形图和饼图。下面以饼图（如图 9-10 所示）为例，介绍统计图表的制作。

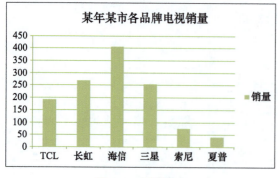

图 9-9　柱形图

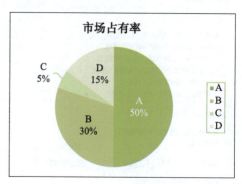

图 9-10　饼图

要将某企业产品市场占有率表（见表 9-1）中的数据做成饼图，先打开 Excel 表，选中 A2：B6 单元格数据区域，单击菜单栏"插入"→"推荐的图表"，如图 9-11 所示，或者根据自己的需要选择对应的图表，单击"确定"后得到图 9-12。

表 9-1　某企业产品市场占有率表

产　　品	市场占有率
A	50%
B	30%
C	5%
D	15%

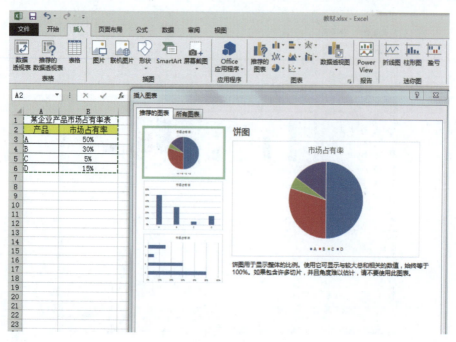

图 9-11　选择图表

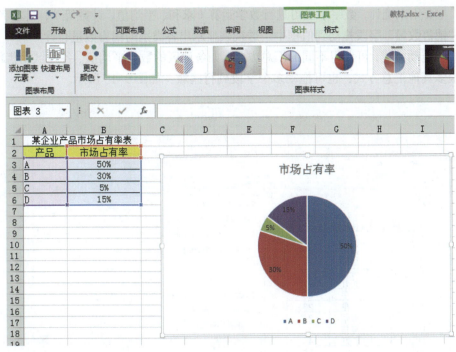

图 9-12　饼图效果

单击菜单栏的"设计"选项卡，可以更改、润色图表，单击左上角的"添加图表元素"，可以添加标题、图例、数据标签。

5. 数据分析——使用数据透视表

我们要学会通过数据指标深挖这些数据表现后面的逻辑。常用的数据分析工具有排序、筛选、列表、分类汇总等，这里主要介绍"数据透视表"的使用。

Excel 数据透视表可以说是 Excel 中最强大的功能，通过对明细数据的聚合分类，可以方便快速地得出想要的结果。

数据透视之前得有一份正确完整的数据源，对于数据源，每一列都应有一个确定的列名，表头不能合并单元格也不能为空，否则是无法正确建立数据透视表的。

Ctrl+A 全选数据，依次单击"插入"→"数据透视表"，第一个选择框为"表/区域"，由于刚开始已经 Ctrl+A 全选了数据，这里不需要修改；第二个选择框为透视表存放的位置，默认新建一个工作表用于放置透视表，这里不做修改，单击"确定"，完成数据透视表的建立（如图 9-13 所示）。

新建的数据透视表有两个区域，一个是报表展示区域，一个是数据透视表字段区域。数据透视表字段区域一共有四个方框，通过拖动不同的字段到四个方框，可以展示不同的结果，如图 9-14 所示。

筛选器：将字段拖动到筛选器中，可以利用此字段对透视表进行筛选。

列：将字段拖动到此处，数据将以列的形式展示，将"月份"拖动到列框中，月份各字段分布在各列中。

行：将字段拖动到此处，数据将以行的形式展示，将"电视品牌"拖动到行框中，电视品牌各字段分布在各行中。

值：主要用来统计，数字字段可进行数学运算（求和、平均值、计数等），文本字段可计数，将"销售数量"字段拖动到值框中，透视表显示出各类别的销售数量合计。

不同的拖动方式，可获得不同的汇总方式，如各地区的数据平均值、各地区销售额占比，还存在很多其他汇总方式，也可拖动多个字段到行区域，如图 9-15 所示。

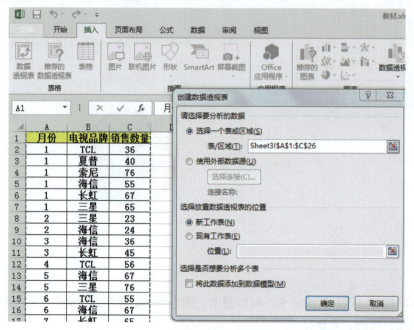

图 9-13　创建数据透视表

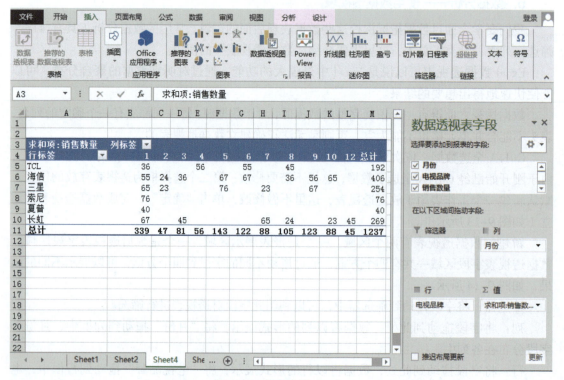

图 9-14　拖动字段（一）

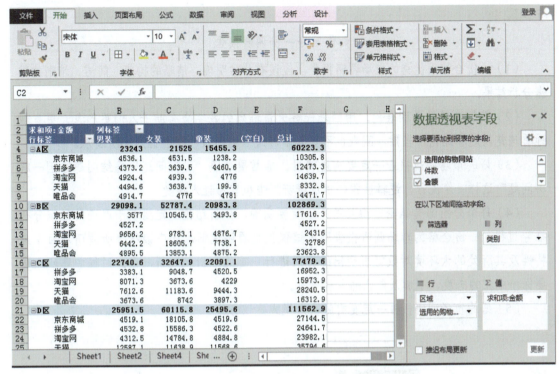

图 9-15　拖动字段（二）

六、市场调研报告的撰写

市场调研的最后一步就是撰写调研报告，调研报告是对整个调研分析过程的总结与呈现，通过报告把市场调研的起因、过程、结果以及建议完整地呈现出来。

1. 市场调研报告的概念

市场调研人员通过在实践中对某一产品客观实际情况进行调查了解，将调查了解到的全部情况和材料进行分析研究，揭示出本质，寻找出规律，总结出经验，提出调查结论和建议，最后形成的书面文件，称为市场调研报告。

市场调研报告是市场调查研究成果的集中体现，其撰写的好坏将直接影响整个市场调查研究工作的成果质量。

2. 市场调研报告的结构

市场调研报告一般由标题、目录、正文、附件等几部分组成。

（1）标题。标题可以有两种写法：一种是规范化的标题格式，即"发文主题"加"文种"，基本格式为"××关于××××的调查报告""关于××××的调查报告""××××调查"等。另一种是自由式标题，包括陈述式、提问式和正副题结合使用三种。

（2）目录。目录可以使调研报告的内容方便查找，一目了然。

（3）正文。正文是调研报告的主体，占的篇幅最大。它对调查得来的事实和有关材料进行叙述，对所做出的分析进行综合议论，对调查研究的结果和结论进行说明。

（4）附件。

学习园地 •• ◆

如何写好一份调研报告

（1）一份合格而优秀的市场调研报告，应该有非常明确、清晰的构架，简洁、清晰的数据分析结果。

（2）数据分析尽量图表化。用图表代替大量堆砌的数字会有助于人们更形象、更直观地看清楚问题和结论。当然，图表也不要太多，过多的图表一样会让人无所适从。

（3）好的市场调研报告一定要有逻辑性。通常要遵照"发现问题—总结问题原因—解决问题"这样一个流程，逻辑性强的市场调研报告也容易让人接受。

（4）每个分析都有结论，而且结论一定要明确，分析结论一定要基于严谨的数据分析推导过程。一份合格的市场调研报告不应该仅仅是看图说话，还应该结合所调研项目本身特性及其所处的大环境对数据表现出的现象进行一定的分析和判断，在此过程中调研人员要保持中立的态度，不加入自己的主观意见。

（5）好的市场调研报告一定要有解决方案或建议方案。

单元二 跨境电商市场分析

一、市场分析的含义

市场分析是指企业对市场供需变化的各种因素及其动态、趋势的分析。分析过程是：搜集有关资料和数据，采用适当的方法，分析研究、探索市场变化规律，了解消费者对产品品种、规格、质量、性能、价格的意见和要求，了解市场对某种产品的需求量和销售趋势，了解产品的市场占有率和竞争单位的市场占有情况，了解社会商品购买力和社会商品可供量的变化，并从中判明商品供需平衡的不同情况（平衡或供大于需，或需大于供），为企业生产经营决策（合理安排生产、进行市场竞争）和客观管理决策（正确调节市场，平衡产销，发展经济）提供重要依据。

二、市场分析的内容

市场分析的内容十分广泛丰富，从宏观到微观，二者相互联系、相互补充。市场分析包括商品分类销售实际分析、地区类别市场动态分析、新产品市场销售分析、消费者购买类型销售分析、销售费用分析等。现在社会上有很多专门进行市场分析与行业分析报告撰写的研究公司，市场研究公司在数据采集、资料归类、观点提炼、报告撰写方面具有独特的专业优势，拥有专业的团队和完整的数据库，因此，此部分只介绍如何使用大数据进行常用的数据采集与分析。

三、使用百度指数查看趋势和需求

百度指数（Baidu Index）是以百度海量网民行为数据为基础的数据分析平台，是当前互联网乃至整个数据时代最重要的统计分析平台之一，自发布之日便成为众多企业营销决策的重要依据。

百度指数的主要功能模块有：基于单个词的趋势研究（包含整体趋势、PC 趋势、移动趋势）、需求图谱、舆情管家、人群画像；基于行业的整体趋势、地域分布、人群属性、搜索时间特征。通过人群画像，以往需要花费精力开展的调研，输入关键词，即可获得用户年龄、性别、区域、兴趣的分布特点，较为真实且比较客观。

进入百度主页，在搜索框中输入"百度指数"，单击"百度一下"，在结果页面单击"百度指数"（官方）即可登录百度指数官网，如图 9-16 所示。

图 9-16　百度指数官网搜索

注册百度账号以后，就可以登录百度指数首页，在搜索框内输入一个关键词，单击"开始探索"按钮，即可看到对应的指数数据，如图 9-17 所示。

图 9-17　百度指数官网首页

趋势研究是百度指数的默认显示模块，可以反映搜索指数和资讯指数的趋势情况。

1. 趋势研究

（1）搜索指数。在"搜索指数"的右侧可以设置搜索时间、偏好和地域范围。默认显示的是搜索词最近 30 天的全国范围互联网和移动端的搜索指数趋势图。图 9-18 显示的是连衣裙搜索指数。

图 9-18　连衣裙搜索指数

　　如果想查看多个关键词的对比情况可以单击"添加对比"按钮，在出现的文本框中输入关键词进行对比，如图 9-19 所示。

图 9-19　连衣裙搜索指数对比

　　（2）人群画像。在搜索指数的下方会出现人群画像，显示的是关键词在近 30 天的相关地域分布、人群属性和性趣分布等。

2. 需求图谱

单击左上角的需求图谱，可显示用户对于搜索关键词的关注内容和关注点。从图 9-20 所示的需求图谱可以看出，用户对于"新款连衣裙"和"秋款连衣裙"以及"淘宝连衣裙"的关注度最大。在需求图谱的下方，还显示与搜索词相关的词语的搜索指数，如图 9-20 所示。

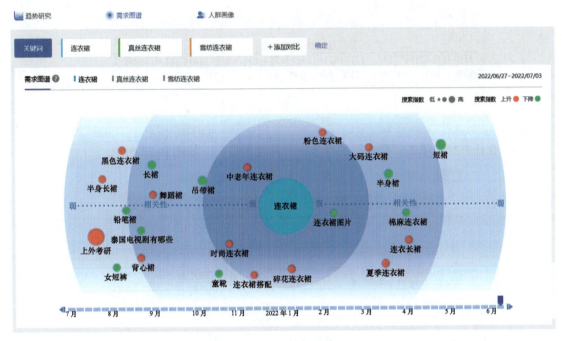

图 9-20 需求图谱

四、使用 Excel 进行销售量预测

Excel 提供了很多预测方法，如移动平均法、指数平滑法以及回归分析预测法。下面介绍如何使用 Excel FORECAST 函数来进行销量预测。

根据某企业 1 ～ 9 月的销量数据，我们可以借助 Excel FORECAST 函数来预测该企业接下来的销售量。

（1）打开某公司 2022 年 1 ～ 9 月销售情况表，如图 9-21 所示。

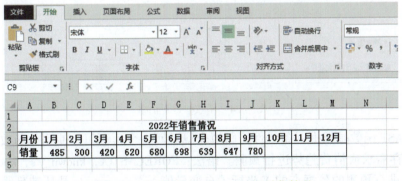

图 9-21 某公司 2022 年 1 ～ 9 月销售情况

（2）把光标定位到需要预测的第一个单元格中，如图9-22所示。

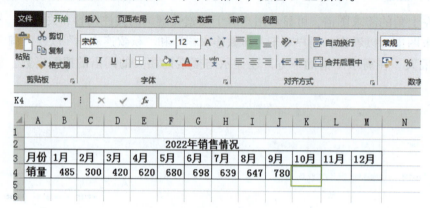

图9-22　定位光标

（3）在任务栏中单击"公式"选项卡→"其他函数"，如图9-23所示。

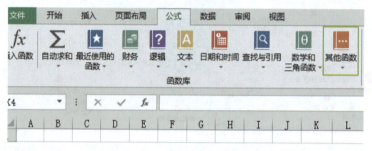

图9-23　选择"其他函数"

（4）单击"统计"→"FORECAST"，弹出函数参数对话框，如图9-24所示。

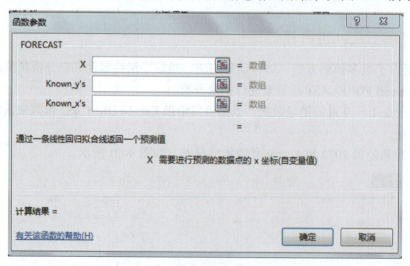

图9-24　函数参数对话框

FORECAST函数是根据一条线性回归拟合线返回一个预测值。使用此函数可以对未来销售额、库存需求或消费趋势进行预测。语法：FORECAST(X, known_y's, known_x's)，参数 X 为需要进行预测的数据点的 X 坐标（自变量值），Known_y's是从满足线性拟合直线

$y=kx+b$ 的点集合中选出的一组已知的 y 值，Known_x's 是从满足线性拟合直线 $y=kx+b$ 的点集合中选出的一组已知的 x 值，如图 9-25 所示。

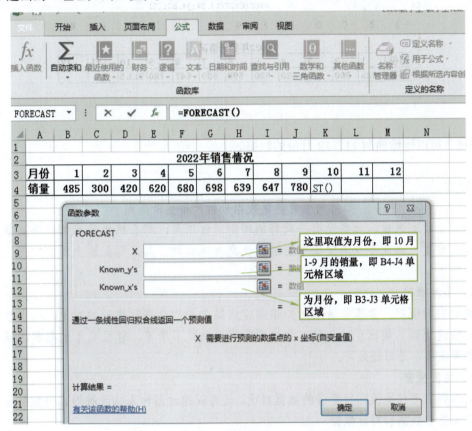

图 9-25 函数参数说明

单击"数值"前面的 ，可直接选择数据区域，如图 9-26 所示。

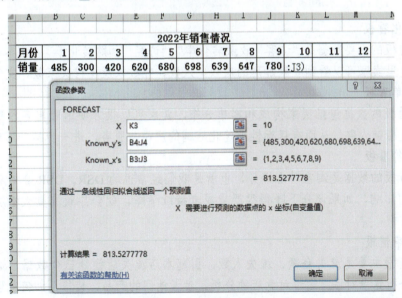

图 9-26 选择数据区域

（5）单击"确定"按钮，即可完成预测，如图9-27所示。

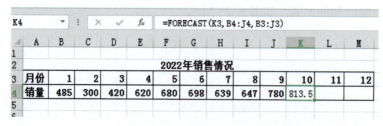

图9-27　完成预测

同样，可以继续预测11、12月份的数据。

▶ **小贴士**

如何用生意参谋数据分析产品生命周期

对线上卖家来说，如果没有一款好的辅助运营工具，那么想要让店铺获得高效发展确实也有难度，因此不少淘宝卖家会选择生意参谋这款工具，那么这上面的数据应该怎么分析呢？

1．实时概况

通过实时概况，卖家能清晰地知道淘宝店铺今天的数据和昨天的对比，根据数据的变化，快速找到店铺出现的问题，如访客下滑，浏览下滑等。轻松明了地判断店铺是往哪一方面发展，是好还是坏。

2．运营视窗

运营视窗不仅提供同行竞店的数据对比，还可以通过图和表格两种形式将数据呈现，方便卖家查看数据和对比数据。

3．流量看板

流量看板体现的是整个店铺流量的构成。卖家从中可以看到店铺的流量构成是否健康。

4．转化看板

转化看板的主要数据是"访客－收藏转化率""访客－加购转化率""访客－支付转化率"。从这里卖家可以看到收藏加购的次数、人数、件数以及支付买家数、支付件数等。

5．客单看板

客单看板的数据包括买家构成和客单分布，卖家可以很方便地看出各种数据，可以使卖家清楚店铺人群，从而有目标性地优化店铺的产品与服务，进一步提升店铺数据。

6．评价看板

评价看板的数据是淘宝动态评分，也就是我们经常说的DSR。DSR会对店铺权重产生特别大的影响，如果评分下降得很严重或者持续下降，就会导致流量大幅度下滑，因此一定要重视。

7．竞争情报

竞争情报主要是流失金额、流失人数、引起本店流失店铺数三个数据。这个功能有利于卖家分析竞争对手，通过对竞店的分析，参考他们的产品、装修、如何处理差评等，从而有针对性地优化店铺。

单元三 跨境电商用户画像

一、消费者行为

消费者行为也称消费者购买行为，是消费者围绕购买生活资料所发生的一切与消费相关的个人行为，包括从需求动机的形成到购买行为的发生直至购后感受总结这一购买或消费过程中所展示的心理活动、生理活动及其他实质活动。

企业要在市场竞争中能够适应市场、驾驭市场，必须掌握消费者行为的基本特征。

消费者行为涉及每个人和每个家庭，消费者多而分散。为此，消费者市场是一个人数众多、幅员广阔的市场。由于消费者所处的地理位置各不相同，闲暇时间不一致，造成购买地点和购买时间的分散性。

消费者行为是以个人和家庭为购买和消费单位的，由于受到消费人数、需要量、购买力、储藏地点、商品保质期等诸多因素的影响，消费者为了保证自身的消费需要，往往购买批量小、批次多，购买频繁。

消费者行为因受年龄、性别、职业、收入、文化程度、民族、宗教等影响，其需求有很大的差异性，对商品的要求也各不相同，而且随着社会经济的发展，消费者消费习惯、消费观念、消费心理不断发生变化，从而导致消费者行为差异性大。

MobData 研究院发表的《2018—2019 中国汽车市场研究报告》，根据大数据分析得出人群画像，列出消费者车型整体偏好和价格整体偏好，为后续汽车市场的发展和商家的运营提供了参考，如图 9-28 所示。

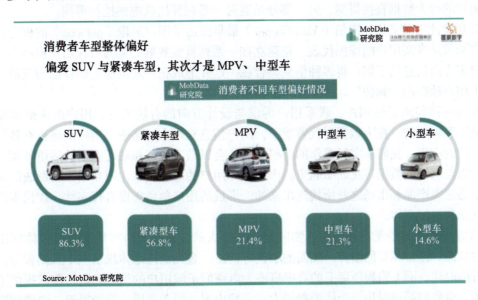

图 9-28 2018—2019 年中国汽车市场消费者车型整体偏好和价格整体偏好

 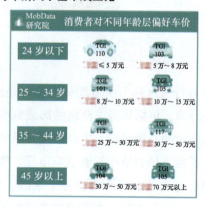

图 9-28　2018—2019 年中国汽车市场消费者车型整体偏好和价格整体偏好（续）

二、用户画像

在互联网逐渐步入大数据时代后，企业及消费者行为发生了一系列改变与重塑。其中最大的变化莫过于，消费者的一切行为在企业面前似乎都将是"可视化"的。随着大数据技术的深入研究与应用，企业的专注点日益聚焦于怎样利用大数据来为精准营销服务，进而深入挖掘潜在的商业价值，于是，"用户画像"的概念应运而生。

1. 用户画像的含义

用户画像又称用户角色，是根据用户社会属性、生活习惯和消费行为等信息而抽象出的一个标签化的用户模型。构建用户画像的核心工作是给用户贴"标签"，标签中一部分是根据用户的行为数据直接得到，另一部分是通过一系列算法或规则挖掘得到。

交互设计之父艾伦·库伯（Alan Cooper）最早提出了用户画像（persona）的概念，认为"用户画像是真实用户的虚拟代表，是建立在一系列真实数据之上的目标用户模型"。通过对用户多方面信息的了解，将多种信息集合在一起并形成在一定类型上的特征与气质，这就形成了用户独特的"画像"。

作为一种勾画目标用户、联系用户诉求与设计方向的有效工具，用户画像最初是在电商领域得到应用的，在大数据时代背景下，用户信息充斥在网络中，用户画像也在各领域得到了广泛的应用。我们在实际操作的过程中往往会以最为浅显和贴近生活的话语将用户的属性、行为与期待的数据转化联结起来。作为实际用户的虚拟代表，用户画像所形成的用户角色并不是脱离产品和市场之外所构建出来的，形成的用户角色需要有代表性，能代表产品的主要受众和目标群体。

网络社会也就是现在社会的真实映射，一个人的喜好在网络时代完全可以体现出来。常听的歌曲、经常浏览的新闻、翻阅的小说等信息，毫无遮掩地体现了一个人的偏好。在电商盛行的时代，网上购物所留下的数据痕迹为电商们了解用户的消费和购物需求提供了十足的抓手。电商们通过对用户个体消费能力、消费内容、消费品质、消费渠道、消费刺激的长时间、多频次的建模，可为每个用户构建一个精准的用户画像，如图 9-29 所示。

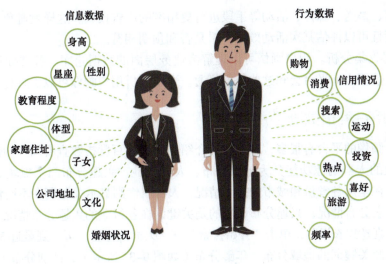

图 9-29　用户画像

　　我们的目标用户有什么样的消费偏好？可将用户在网上的消费记录、消费频次、消费金额、会员卡积分等数据转化为标签，如果某人经常在某个网站购买衣服，那么网站可以根据她购买衣服的款式、型号、颜色等给她打上标签，如"追逐潮流""偏爱黑色"，甚至判断出她大概的年龄，贴上"20～25岁的年轻女性"这样具体的标签，所有的标签集合在一起，就构成了她的用户画像，如图 9-30 所示。

图 9-30　用户具体画像

2. 用户画像的作用

　　（1）关注目标用户。用户画像可以让团队成员在产品设计的过程中能够抛开个人喜好，将焦点关注在目标用户的动机和行为上进行产品设计。把用户进行分群，依据不同用户群体特性进行产品设计和测试验证，避免产品偏离核心用户的需求。

　　（2）精准营销。用户画像可以使产品的服务对象更加聚焦，更加专注。这是用户画像最直接、最有价值的应用，从粗放式到精细化，将用户群体切割成更细的粒度。商家 / 店铺可以通过短信、推送、邮件、活动等手段进行更精准的广告投放，这样就避免了全量投放造成的浪费，而且可以评估某次活动效果，看是否和预期相符。

（3）数据收集分析。用户画像可以理解为业务层面的数据仓库，各类标签是多维分析的天然要素，数据查询平台会和这些数据打通。通过分析用户画像可以了解行业动态。

三、利用百度指数查看用户画像

查看用户画像的平台有很多，本书主要介绍如何利用百度指数查看用户画像。

百度指数的人群画像功能分为地域分布、人群属性、兴趣分布三个板块。地域分布主要显示关键词在全国各省份和城市的排名情况；人群属性则显示关键词在不同性别和各年龄阶段人群的搜索分布情况；兴趣分布显示的是关键词在各行业的兴趣分布情况。

如输入"真丝连衣裙"，单击"开始探索"→"人群画像"，可得到最近30天（时间根据需要选择）此关键词的地域分布、年龄分布（如图9-31所示）、性别分布（如图9-32所示）以及兴趣分布（如图9-33所示）。

图9-31 真丝连衣裙搜索年龄分布

2022-06-01 ～ 2022-06-30

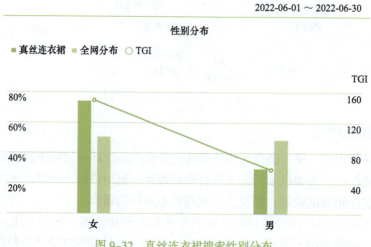

图9-32 真丝连衣裙搜索性别分布

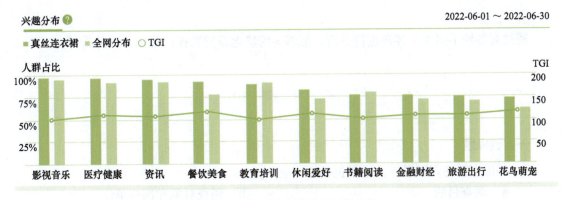

图 9-33　真丝连衣裙搜索兴趣分布

还可以实现关键词的比较搜索，如"真丝连衣裙"和"雪纺连衣裙"的对比搜索，如图 9-34 所示。

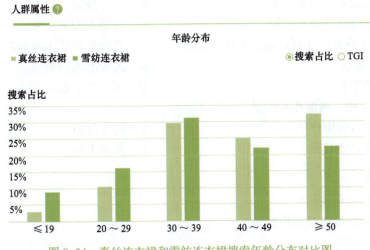

图 9-34　真丝连衣裙和雪纺连衣裙搜索年龄分布对比图

在多个关键词当中，用逗号将不同的关键词隔开，可以实现关键词数据的比较查询，并且，曲线图上会用不同颜色的曲线加以区分。例如，可以检索"男装，女装，童装"。百度指数最多支持五个关键词的比较检索。

在多个关键词当中，利用加号将不同的关键词相连接，可以实现不同关键词数据相加。相加后的汇总数据作为一个组合关键词展现出来。例如，可以检索"百度+百度搜索+Baidu"。利用这个功能，可以将若干同义词的数据相加。百度指数最多支持三个关键词的累加检索。

模 块 实 训

实训目的　对客户进行精准分析。

实训内容

用百度指数查看用户画像，并针对相关产品进行客户精准定位。

实训总结

通过对各种不同类型客户进行分析，能够为跨境电商货物推广做出正确的选择。

课 内 测 试

一、选择题

1. 一份完整的调研报告，主要包括（　　　）。

    A．调查目的　　　　　　　　　　　B．调查对象和调查单位

    C．调查项目和调查表　　　　　　　D．调查时间和调查期限

    E．调查地点

2. 检索工具按照信息搜集方法的不同，可分为目录式搜索引擎、元搜索引擎和（　　　）。

    A．全文数据库搜索引擎　　　　　　B．英文搜索引擎

    C．主题指南类搜索引擎　　　　　　D．机器人搜索引擎

3. 跨境电子商务企业可以通过采用网上的（　　　）选择合适的国际客户。

    A．客户信息　　　　　　　　　　　B．国际市场调研

    C．交易平台　　　　　　　　　　　D．国际交易数据

4. 下列属于用户画像作用的是（　　　）。

    A．关注目标用户　　　　　　　　　B．精准营销

    C．数据收集分析　　　　　　　　　D．预测市场

二、简答题

1. 百度指数如何使用？
2. 如何建立跨境电商用户画像？

参 考 文 献

[1] 张函. 跨境电子商务基础 [M]. 北京：人民邮电出版社，2019.

[2] 肖新梅，高洁. 跨境电子商务通关实务 [M]. 北京：电子工业出版社，2022.

[3] 黑马程序员. 跨境电子商务：亚马逊运营推广 [M]. 北京：清华大学出版社，2020.

[4] 李文立，逯宇铎，徐延峰. 跨境电子商务平台服务创新与风险管控 [M]. 北京：科学出版社，2017.

[5] 于邢香，杨建曾，谢翠梅. 选品与采购 [M]. 北京：高等教育出版社，2019.

[6] 朱瑞霞. 跨境电商支付与结算 [M]. 上海：复旦大学出版社，2021.

[7] 邹益民，隋东旭，朱新英. 跨境电子商务支付与结算 [M]. 北京：清华大学出版社，2021.

[8] 戴小红，吕希. 跨境电商物流实务 [M]. 杭州：浙江大学出版社，2020.

[9] 逯宇铎，等. 跨境电商物流 [M]. 北京：人民邮电出版社，2020.

[10] 李瑞丽，杜茜. 客户服务与管理 [M]. 北京：清华大学出版社，2021.

[11] 速卖通大学. 跨境电商客服：阿里巴巴速卖通宝典 [M]. 北京：电子工业出版，2016.

[12] 童海君，陈民利. 网店视觉营销与美工设计：微课版 [M]. 北京：北京理工大学出版社，2019.

[13] 陈楠华，李格华. 短视频数据分析与视觉营销从入门到精通：108 招 [M]. 北京：清华大学出版社，2021.

[14] 李成庆，王荣琴，段建. 视觉营销 [M]. 杭州：浙江工商大学出版社，2020.

[15] 杨伟强，湛玉婕，刘莉萍. 电子商务数据分析：大数据营销、数据化运营、流量转化 [M]. 2 版. 北京：
     人民邮电出版社，2019.

[16] 王翠敏，王静雨，钟林. 电子商务数据分析与应用 [M]. 上海：复旦大学出版社，2020.